U0099008

金塊文化

金塊文化

金塊文化

金塊文化

惡魔の法則

從校園霸凌到搶奪弒親

常娟◎著

前言

話說：「人之初，性本善」。可是，為什麼社會上會有那麼多的犯罪現象，監獄裡會有那麼多的罪犯呢？在同樣的成長條件下，為什麼有的人走上犯罪道路，而有的人卻能遵紀守法？走上犯罪道路的人與普通人之間究竟有哪些不同？他們曾經有過怎樣的生活經歷和生存環境，他們為什麼選擇犯罪，甚至以犯罪為「職業」？在他們經過的人生道路上，已經成為囚犯甚至死囚的他們，究竟哪幾步路走錯了呢？

曾有一大學副教授，婚姻失敗後，在長達六年的時間裡，間斷性地參與網友間的「性遊戲」，最終鋃鐺入獄。他本是一個智商很高的人，為什麼要選擇如此墮落的人生呢？

另有一個青年，為了金錢，竟買通兇手殺害了自己的親生父母。事後，無盡的懊悔侵襲著他，這樣一個罪孽深重的靈魂，曾經經歷了怎樣的掙扎？

一個美麗的少婦，因為自己的孩子在學校裡受到了老師的指責，這讓她回想起自己童年曾經受過的侮辱，為了讓孩子不再重蹈自己的覆轍，她竟殘忍地將孩子的老師殺害。在走上犯罪道路的那一刻，她的內心究竟產生過怎樣的變化？

幾個未成年的孩子，因為覺得搶劫好玩，所以結夥搶了自己的同學，他們的人生是不是因為這樣的「好奇」而被改寫呢？

犯罪是一種錯誤行為，然而也有著複雜的心理過程，每一個犯罪行為人都有其特定的人生軌跡，有其獨特的心理素質。本書從犯罪心理學的角度，深刻揭示了這些犯罪人心理病變的過程及其病變的原因，這就如同醫生為病人開出診斷證明，為同類型的病人開出救治處方。

本書將犯罪人放在歷史背景、家庭教育、社會環境中進行全面分析，對犯罪人的心理特徵及其成因進行了專業判斷。由此，我們清楚地看到，正常人變成罪犯，犯罪人形成犯罪人格，都離不開特定的環境，特別與其早年的家庭環境有著重大關係。此外，本書還從認知、情感、情緒、人格、行為等角度進行抽絲剝繭，層層分析，力求對犯罪人犯罪行為的來龍去脈做出最深入的剖析，以期能帶給大家更多的反省和領悟。

犯罪如同一把刀子，鋒利地將社會切出一個橫斷面來，讓我們看到社會最真實、最殘酷的一面。如何應對犯罪、預防犯罪，既是政府、司法工作者須面對的嚴酷現實，也是社會全體都應當參與解決的大課題。編寫本書，希望能讓讀者明白，人在早年一旦走上犯罪之路，幾乎是無法再回到正常的生活軌道上來的；而且，每個人在不同的年齡階段有其不同的人生任務，一旦錯過，將終生難以彌補。

所以，衷心地希望所有人都能夠從本書中犯罪人身上汲取教訓，引以為戒，並在透析這些犯罪行為心理的前提下，幫助自己的子女、學生健康成長，擁有完美健全的人生。

目錄

目錄

錄目

第一篇
推開犯罪世界的門

第1章 犯罪心理學概述

心是罪惡之源——從電影《火線追緝令》說起

說起「罪」，人們首先可能會想到基督教中的原罪說，還有佛教中關於因果輪迴、業障的說法，這是宗教上的罪，是一種違反道德規範的行為，通常這種行為準則是由一個神來裁定，如上帝、神等，但法律上的罪，是做出違反法律規範的行為，不同於道德、宗教、習俗的罪惡。

無論是宗教上的罪，還是法律上的罪，其產生的出發點都是人心，因為人心最難規範，所有才有了古往今來那些大大小小的犯罪事件，有那麼多的受害者，以及被世俗審判的罪人。

能將宗教的罪以及世俗的罪闡釋得最好的，要數大衛·芬奇執導的電影《火線追緝令》了。故事背景是一個整天下雨的城市，威廉是紐約警察局的刑事警官，也是個兇殺案專家，他當了三十二年的員警，多年來幾乎每一分鐘都在辛勞地工作，他也看到和感受到了太多的不幸，他覺得極度的疲憊，幸好，眼前距離他退休只剩下七天的時間了。

為了接替他的工作，高層派了一個新搭檔給他——年輕氣盛的米爾斯。米爾斯是和妻子翠西一同搬到紐約來的，起初翠西並不同意來這座繁亂的城市，但米爾斯認為只有這裡才能讓他接手一些重要的案子，在他的百般勸說下，翠西才終於點頭同意。威廉作風嚴謹，辦事老成，米爾斯則有些衝動，心高氣傲的他對威廉辦案的方式很不以為然。

也許是冥冥之中已經註定了的，米爾斯的第一個案子正是威廉的最後一個案子——一個胖得出奇的男子在家中被殺了，可是在現場，米爾斯和威廉卻沒有發現什麼線索。緊接著另一起案子發生了，一位富有的辯護律師格特被殺害，在凶案現場的地板上，兇手用血寫著兩個字：貪婪。

細心的威廉重新回到前一個案發現場，不漏掉任何一點蛛絲馬跡，終於在冰箱後面發現了兩個字：暴食。這時他們才醒悟到原來他是被強迫吃下大量的東西，直到胃被撐破而死的。這時，威廉猛然想到了英國偉大詩人米爾頓不朽作品《失樂園》中的語句——基督教的七重罪孽：暴食、貪婪、懶惰、憤怒、驕傲、淫欲和嫉妒。他認為接下來還會發生五起謀殺案，分別與其他的戒條有著可怕的相關，可是米爾斯卻不相信。翠西邀請威廉來家中吃飯，米爾斯有些不高興，但翠西卻和威廉談得很愉快。

而上述的凶案，後來在現場發現的指紋使毒販維克多成了嫌疑人。他有前科，而且有心理疾病，但當員警趕去拘捕他時，卻發現他早已經死了，牆上還寫著「懶惰」二字。經過圖書館內部的調查資料，威廉終於把目標鎖定為記者約翰·多伊，一個為了不留下自己的指紋而將手指上的皮剝掉的變態者。但當威廉和米爾斯前去尋找他時，他已經溜走了。在約翰家中，他們發現了一個金髮妓女的照片，但等他們找到她時，她也死了，旁邊又是「淫欲」兩個字。到星期日，威廉就要退休了，而約翰打來電話告訴他們他又下手了——一個女人赤裸地死在床上，旁邊寫著「驕傲」。

威廉決定辦完這個案子再退休，可是此時約翰卻突然來自首了。謹慎的威廉認為事情不會如此簡單，因為還有兩條罪尚未完成，約翰一定還有花招。約翰招認還有兩具屍體，並願意帶他們去找。這時，有人給米爾斯送了個包裹來，威廉打開時卻發現裡面竟是翠西的頭顱，約翰告訴米爾斯是「嫉妒」殺死了翠西。盛怒和悲傷之下的米爾斯無法控制自己，開槍打死了約翰——他犯了「憤怒」之罪，成了完成七條訓誡的最後一個人。看著米爾斯被押上警車，威廉面對夕陽默默無語。

這部電影塑造了與以往電影中截然不同的殺手。他們殺人並非是因為嗜血，而是有著強大的理論信條加上妄念來進行他自以為通過「審判」和佈道來拯救的目的。這個殺手也許平時連一隻雞也不殺，但是他找到了依據來對人進行毛骨悚然的謀殺，最重要的是他並不認為自己犯了罪。

一個不正常的社會是產生這類殺手的外在原因，然而，罪惡發生的原因還在於人的心靈。例如影片中七項罪惡的本源就是人的心靈，而這個可怕的殺手正是在對這些罪進行判決，最後他也以嫉妒罪審判了自己。

現實中很多犯罪人在精神氣質、思想觀念上與影片中的罪犯十分接近，透過分析比較，我們可以很快發現，來自心靈的罪惡是他們共同的特點，他們為了獲得心理上的各類滿足，如欲望、貪婪等，不惜破壞自己的良知、信譽和生存環境，這就是罪惡的源頭。

當心裡充滿罪惡的時候，周圍的一切都是罪惡的，所以在作惡者的眼裡，他們所做所為是可取的。他們以冷漠的態度對待一切，要知道，當人的心學會冷漠的時候，周圍的一切都冷漠了。至此，他們徹底沉淪，為了犯罪無所不用其極，甚至會以人們心中的權威，例如上帝的名義行刑。

知識鏈結

義大利詩人但丁在《神曲》裡根據惡行的嚴重性順序排列七項罪名，依序為：

1. 不貞，即不合法禮的性欲，例如通姦。
2. 貪食，即浪費食物，或是過度放縱食欲、酗酒或囤積過量的食物。
3. 貪婪，即希望佔有比需要之外更多的財物。
4. 懶惰，即浪費時間。
5. 憤怒，即源自憎恨而起的邪惡感覺。
6. 嫉妒，即因對方所擁有的資產比自己豐富而心懷怨怒。
7. 驕傲，即期望他人注視自己或過度愛好自己。

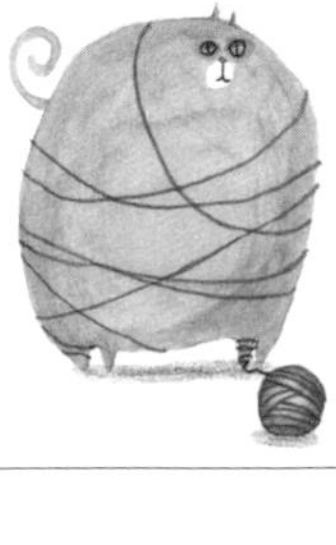

犯罪心理VS犯罪行為

一直以來，犯罪都是困擾人類社會的一個嚴重問題，與此同時，如何減少甚至消滅犯罪也成了人類社會追求的目標。古今中外有很多思想家、學者，從自己的學科角度對犯罪這一社會現象作出了解釋，並因此形成了犯罪學、犯罪社會學、犯罪心理學等諸多學科。犯罪心理學作為研究犯罪現象的重要學科之一，它從心理學的角度研究了犯罪心理和犯罪行為的發生、發展和規律，為執法單位揭露、懲治犯罪、矯治犯罪人，為社會預防犯罪提供了理論依據和方法。

什麼是犯罪心理？犯罪心理是指影響和支配犯罪人進行犯罪行為的各種心理因素總稱，如犯罪動機、反社會意識、消極的性格、犯罪人的認知特點、情感特點等。而什麼是犯罪行為？犯罪行為是指犯罪人在一定的犯罪心理影響和支配下所進行危害社會、觸犯刑律、應受刑法處罰的各種行為的總稱，包括刑法中規定的故意犯罪行為和過失犯罪行為兩大類。

犯罪心理與犯罪行為關係密切，其間的連結主要根據以下三個面項：

1. 犯罪行為總是在一定犯罪心理的影響和支配下發生，沒有犯罪心理就沒有犯罪行為。

2. 要瞭解犯罪心理，必須先瞭解犯罪行為。犯罪行為的發生是受其心理支配所產生的，心理是內隱的，行為受心理支配，分析犯罪行為可以瞭解犯罪心理。

3. 犯罪行為的性質往往由犯罪心理狀況來決定，如刑法中故意犯罪和過失犯罪在刑度上即有差異。

行由心生，雖然說犯罪行為是由犯罪心理所引起的，但二者之間除了有一定關聯之外，也有顯而易見的區別。相對於犯罪行為，犯罪心理具有以下幾項特點：

1. 犯罪心理具有內隱性。犯罪心理是大腦的活動，在沒有相應行為表現出來時是看不見、摸不著的，而犯罪行為則具有外顯性。

2. 犯罪心理具有相對獨立性。在犯罪行為發生前，犯罪心理已經存在，並在犯罪行為結束後可能繼續存在著；而有犯罪心理不一定發生犯罪行為，但犯罪行為是在犯罪心理的影響和支配下發生的，兩者具有依存性。

3.犯罪心理與犯罪行為互為因果，但也存在不一致的情況，如刑法學中的間接故意犯罪就反映了犯罪動機與犯罪結果的不一致。如某犯罪人在報復動機的支配下，趁黑夜潛入仇人臥室欲殺仇人，卻誤殺了仇人的妻子。

4.犯罪心理既包括與犯罪行為密切相關的心理，也包括看似與犯罪行為無關的內在心路歷程，如犯罪人童年的經歷、潛意識等，而這也正是預防犯罪最必須關注的要點。

第2章 我是誰？——犯罪心理和基本特徵

為什麼只有我犯罪？——罪犯的心理歷程

劉其德（化名），三十六歲，父母都在公家機關任職，他是家中唯一的男孩，另外還有兩個姐姐。因為是唯一的兒子，父母從小對他百般嬌寵，而他功課一向很差，還養成了好逸惡勞的惡習。

退伍後，因為父親的關係，劉其德進入了一家貿易公司當倉管，不過，劉其德一向過慣舒服日子，根本不把心思放在工作上，常請假曠職不說，還常愛呼朋引伴，到處吃喝，以致耽誤公事，父親只得經常要為他在老闆面前說盡好話。而在他這些複雜的交往中，有一回，他透過友人介紹認識了幾位幫派份子，這幾個人與劉其德一樣好逸惡勞，經常惹事生非。劉其德和他們臭味相投，很快成了「哥兒們」，沒事就聚在一起。

一個月後的一天，當劉其德再次向這幾位「好友」訴說沒錢之苦時，這幾個人教唆他：「笨蛋，你真傻，守著個大金庫也不知道好好利用。你們公司裡的東西哪個拿出來不是錢！」劉其德一聽，頓時「領悟」過來：原來，財源竟在自己身邊！

自此，劉其德學會了偷竊。起初只是偷公司裡的東西去轉賣，賣了錢便與幾位「好友」大吃大喝。儘管開始時感到恐懼、緊張，但幾次得手、嘗到甜頭後，他的膽子越來越大，心想：「反正也不是什麼大不了的事，誰知道是我幹的！」正當他陶醉於自己「高明」的作案技巧時，員警在一次埋伏行動中順利將他逮捕。

以下我們就來對犯罪人的心理進行分析。

首先，心理是人腦對客觀現實主觀的反映，從本案例的犯罪人劉其德身上，這種積極的反映就表現在兩個方面：

一是不同的個體由於心智不同、結交朋友及社會生活條件等方面的差異，其價值取向、認知角度的差異總是存在的，而且，即使是同一人，在不同的環境和身心狀態下，對同一事物的反映也是有差別的。這就可以解釋為什麼在相同的家庭及教育環境下，姐姐們能健康成長，而劉其德卻走向了違法犯罪的道路。

二是心理對行為有著巨大的影響。人在反映客觀事物的同時，還在積極地改造客觀環境，使之更為符合自己的想法。本案例中的犯罪人劉其德，在心理上具有很強的主觀性，因為家庭的溺愛使其產生好逸惡勞的個性，正是由於這些不良的品性使他有了不良的社會交往，所謂「物以類聚，人以群分」，不良交往只會使其不良個性越變越壞，最終形成犯罪心理，由初犯變成慣犯。

犯罪心理也遵循著普通人的心理特質，都是對客觀環境做出反映，只是反映的內容不同，而犯罪人的大腦往往偏向對客觀現實中的不良因素做出主觀反映。因此，對於犯罪心理產生的根源，我們要到客觀現實中去尋找，客觀現實中存在的諸多不良因素是導致犯罪心理產生的根本原因，而犯罪人已形成的心理，如不良個性特徵、行為習慣等，直接影響他對外界客觀現實的選擇。這樣我們便能理解，為什麼在相同環境下，絕大多數人不犯罪，而只有少數人犯罪。

誰是我？——犯罪人認知特徵

二〇〇一年的一天上午，一名十四歲的國中生在傷害他認定的「仇人」老師後，在自家的陽台上吊身亡。

死者小誠，男，國二學生。他的害人和自殺動機，我們可透過他留下的遺書加以瞭解。這封不過幾百字的遺書，讀來卻讓人感到深深的遺憾和心痛，遺書的內容如下：

媽媽、爸爸：

我走了，因為我在學校頑皮，把水甩在了國文老師的身上。我其實只甩了一次，但老師不相信，非說以前有人甩的也要我承認，我很委屈。老師還說如果我不承認，就和我沒完沒了，還說我是沒人管，品性差，我實在受不了了。我夜裡一閉眼就看見她罵我，如果她不相信我，我就只有以死來證明。我大了，有自尊了，但她讓我失去了自尊，失去了人格，失去了我內心最寶貴的東西。你們不用傷心，我就是變成鬼，我也一定會糾纏她一輩子。你們好好照顧自己，還有我曾經交往的同學與老師，我會在未知世界中看著你們，保佑你們。媽媽，你一定要堅強，我愛你們，永遠、永遠，再見！

小誠X月X日夜

案例中那位老師的語言和行為過於激烈實屬不該，可是小誠的做法也實在令人遺憾和心痛，這樣的事件原本是可以避免的，可是，年幼的小誠對應方式過於偏激，自認受到傷害，非要以激烈的行為結束這一切。

而透過這個案件我們可以看到，一些案件的發生往往與當事人認知方式的偏激密切相關。其結果往往使行為人當時覺得非這麼做不可，但去做的結果事實上是害人又害己，最終一失足成千古恨。

偏激的認知方式是犯罪人的心理特徵之一，除此之外，犯罪人的認知特徵還有以下幾種：

1.認知內容錯誤

首先是錯誤的價值觀及人生觀。大量調查研究顯示，絕大部分犯罪人存在著種種不同程度的錯誤觀念：在價值觀方面，認同「人為財死、鳥為食亡」，「有錢就有一切」等；在人生觀方面，認同「人不為己、天誅地滅」等；在友誼觀方面，認同「哥兒們義氣就是友誼」等；在英雄觀方面，認同「二十年後又是一條好漢」，由此而「不怕死」，敢於向社會正義、法律挑戰。

其次是錯誤的法律知識。據調查統計顯示，絕大多數犯罪人存在不同程度的錯誤法律知識，如不瞭解或沒有正確理解有關的法律規定或對法律的蔑視，明知某行為被法律所禁止，仍無所顧忌地加以實施，視法律為兒戲，並相信自己能逃脫法律的懲罰。再者是反社會的犯罪觀，其主要表現為以下兩個方面：

一是將犯罪作為人生目標而追求之。犯罪人在違法犯罪活動中強化了犯罪心理，在與其他犯罪同夥交往中受到了肯定和鼓勵，從而對犯罪行為的認知發生了質的變化，罪責感、畏罪感越來越淡薄，傾向於認為誰犯罪經驗多、犯罪手段狠、犯罪後果嚴重，誰就有「本事」；甚至誰被抓獲次數多、蹲監獄的時間長，也成了炫耀的「資本」。

二是「犯罪有理」論。許多犯罪人將犯罪原因推給社會及他人，很少從自己身上尋找原因，總認為自己犯罪是社會環境所迫，是他人造成的。簡言之，自己「犯罪有理」。這類犯罪人犯罪時通常表現出心狠手辣、窮兇極惡，犯罪後也多採不認罪的態度。

2.認知能力相對低下

很多犯罪人往往對法律的認識不夠，並且不明事理；其次，犯罪人不僅法律認識不強，實際社會知識、經驗水準也明顯不足；再者，犯罪人中有一些智慧低下者，儘管智力的高低與犯罪沒有必然關聯，但據統計顯示，犯罪人中有不少智力低下者，其比例數高於正常社會人群。

國外有不少學者認為智力低下者犯罪率較高，如日本學者平尾靖認為，智力低下者容易產生感情衝動、自暴自棄、自卑壓抑、性格乖僻等心理特徵，因而也容易犯縱火、暴力傷害、強姦、猥褻等類罪行，國內的犯罪學家也做過一些調查，結果顯示犯罪人中確實存在一部分人智力低下的特點，如頭腦簡單，看問題停留在表面，思維判斷推理能力差，不願獨立思考問題等。

3.高智慧犯罪，聰明反被聰明誤

近些年來，高智慧犯罪也屢屢發生，例如，利用電腦、手機等高科技產品進行貪污、詐騙犯罪，竊取電腦內的情報資料，散播電腦病毒，利用電腦製作、傳播淫穢圖像，網上販毒，偽造貨幣和信用憑證等等。

隨著高等教育的大眾化，高智慧犯罪數量也將越來越提高，這些犯罪人對自我認識偏頗，甚至自以為聰明，覺得自己「技高一籌」，殊不知「魔高一尺，道高一丈」，最終的結果只能是「聰明反被聰明誤」。

為小事引發的血案——犯罪人情緒特徵

人非草木，孰能無情？即便是犯罪人也不例外。只不過，犯罪人相對於一般人來說，普遍缺乏正義感、同情心、憐憫心、良心與道義等正向心理，而這是由犯罪人需要層次的低級性所決定的。

犯罪人的情緒大都建立在低級的需要基礎上，其主要表現為：以吃喝玩樂等低級需要是否獲得滿足為需求目標，醉心於各種感官刺激所帶來的情緒體驗；其次是追求哥兒們義氣，不講道德，不講正義，盲目「為朋友兩肋插刀」。

據調查統計顯示，不少犯罪人情緒表現很不穩定，具有衝動性，特別在青少年犯罪人和女性犯罪人中，情緒的不穩定性更加突出，往往一點小事即引起極大的反應，而且情緒變化快、起伏大，有時甚至表現為喜怒無常、失去自我控制。衝動型犯罪在犯罪總量中佔有一定比例，這類犯罪人常在情緒衝動下做出既危害社會、自己事後也懊悔不已的事。

某日晚十一時許，阿水與兩名女性友人在燒烤店吃宵夜，怎知去趟洗手間回來，之前所坐的椅子已不知去向。「被他拿過去了。」女性友人指著鄰桌一位正在吃宵夜的男子說。

阿水走過去準備要回椅子，而那人卻說：「椅子又不是你專用的，現在是我在坐。」阿水又氣又惱，雙方發生爭執。豈料，沒過多久該男子打電話找來幾個持鐵棍、砍刀的人，一見阿水不由分說，一起上前毆打。

因事發突然，阿水還沒來得及反抗就倒在一片血泊之中，肇事者見狀立刻開車逃離現場。十幾個小時後，警察循線追蹤，將幾名傷人的犯罪嫌疑人逮捕歸案。

因「芝麻小事」就拔刀相向，最終導致嚴重傷害，這是衝動型犯罪人的情緒特點。衝動型犯罪往往沒有預謀，因受外界事物刺激以致產生強烈情緒衝動，在失去理智的情況下殺人，狂怒平息後往往又後悔莫及，但大錯已成。

除此低級性、衝動性之外，犯罪人的情緒也可能表現出消極性，一般指那種因某些欲求不滿而產生的對他人、對社會的嫉妒、不滿、仇恨等消極的情緒。犯罪人可能因種種原因，如部分合理需要未能得到滿足，或可能因某些需要本身就不正當、不合理，被社會、法律所鄙視、禁止。由此，他們逐漸積累、形成各種與社會現實格格不入甚至相對立的情緒，表現出與他人不和、對現實不滿，歪曲甚至顛倒地看待社會環境，如將婚姻中的不幸完全歸結於對方，長期積聚這類消極情緒，可使人格發生扭曲，也是導致心理變態的重要原因。

所以，我們在日常生活中一定要重視消極情緒的危害性，運用一些科學有效的方法幫助自己走出消極的世界，例如：

1.自我鼓勵法：閱讀成功人士的故事傳記，吸取這些人的正向素質，鼓勵自己向痛苦、逆境挑戰；另外，自娛自樂也會使你的情緒好轉。

2.語言調節法：語言是影響情緒強有力的工具，如悲傷時可讀一些笑話、輕鬆小品文，有助消除悲傷情緒；而提醒自己「忍耐」、「冷靜」等，也能緩解自己的不良情緒，避免因一時衝動犯下錯誤。

3.環境制約法：環境對情緒有重要的調節和制約作用。當情緒壓抑的時候，到外面走走就能有調節的作用；心情不好時，到娛樂場所散散心也能消愁解悶；去看一場喜劇電影也是很好的辦法。

4.注意力轉移法：把注意力從消極方面轉到積極、有意義的事情上面來，心情會豁然開朗。例如，當你遇到煩惱時可以想想讓自己快樂的事，有助消除煩惱。

5.能量發洩法：消極情緒不能適當地疏導，容易影響身心健康。所以，該哭時大哭一場，心煩時找知心朋友傾訴，不滿時發發牢騷，憤怒時適當地出出氣，情緒低落時則可唱唱快樂的歌。如此一來，消極的情緒便會得到消解。

一切都源自「情不自禁」——犯罪人意志特徵

樹木長得過於茂盛時，就該修剪修剪，否則樹根是很難供給整棵樹營養的。那麼，人過多的欲望是不是也該適時修剪呢？答案是肯定的，否則我們便會被永無止境的欲望所吞噬。可是欲望不是樹木，該怎麼修剪呢？方法就是運用自我意志去克服欲望的侵蝕，如果我們無法自制而讓自己陷入物質、金錢、美色的旋渦之中無法自拔，結果就會走向毀滅。

某日，王一民無意間發現了三十六歲的親戚阿進和他的侄媳婦阿惠間的姦情，二人向王一民求情並發誓不會再犯，王一民念及親戚情誼便想給他們一次機會，誰知，阿進事後愈想愈覺得王一民是個不定時炸彈，隨時可能讓他與阿惠的姦情敗露，況且，阿進早就對王一民勤勞致富，成為遠近聞名的養殖大戶心生嫉妒，於是動了殺機，在與阿惠商議過後，阿進決定除掉王一民。

一日，阿進趁王一民家中無人，溜進王家廚房，將農藥摻在餐桌上剩下的菜中，由於藥量不大，當晚，王一民與家人吃下剩菜後僅出現抽搐、口吐白沫等症狀。阿進見計謀奏效，便在阿惠的默許和授意下，先後九次在受害人家中食物、飲水等處投放農藥。王家人發病後，阿進總是忙上忙下，大力救助。

過了一段時間，看著王一民一家並沒有受到微量農藥的影響，反而更加肆無忌憚的阿進，為了儘快除掉王一民，先後三次進入王家，將農藥投在食物、餐具和飲水中，致王一民與家人中毒死亡。

阿進、阿惠兩人，「情不自禁」地發生姦情，「情不自禁」地嫉妒，「情不自禁」地覬覦他人財產，在諸多欲望面前，他們的意志顯得如此薄弱。為使姦情不敗露，不惜在長達兩年的時間裡，多次向犯罪目標及無辜受害者下毒，可謂泯滅人性。

犯罪人大多數是經不起誘惑的，他們在個人私欲的驅使下，面對物質、金錢等方面的刺激，極容易萌生犯罪動機。有時為了將自己覬覦的東西佔為己有，也會想到偷竊，或是受人教唆，即便知道是犯罪，也會不顧一切，表現出一定的盲從性，久而久之，便會發展成慣犯。

第3章 事出必有因——犯罪人的需要和動機

畸形的需要結構

人們各種各樣的行為都是由一定的動機引起的，例如，為了止餓而吃飯，為了禦寒而穿衣等。此外，動機對行為還具有維持和加強作用，它激勵著行為，並強化其力度，促使行為最終得以實現。

一般而言，犯罪人故意犯罪是為了滿足個人某方面的需要，也就是說，犯罪人的需要與其犯罪行為之間存在著非常密切的因果關係。很多研究顯示，絕大部分的犯罪人在需要性質、需要結構、需要滿足的手段等方面，存在著明顯有別於一般守法者的基本特徵。

一、個人主觀需要與社會要求相違背

為了保障多數成員的正當利益，社會必然逐漸形成大量要求成員共同遵守的行為規範，如法律法規、道德規範等，犯罪人往往在極端個人主義思想或「自我中心」觀的支配下，個人的主觀需要與他人利益、社會要求相脫節甚至完全對立，以致造成衝突。

二、畸形的需要結構

每個人在社會生活中會逐漸形成較為穩定的需要結構，犯罪人與守法社會成員相比，最大的不同在於犯罪人的需要結構是畸形的：

1. **低層次需要佔優勢地位**。在需要結構中，低層次的、生理性需要畸形發展，並躍居優勢地位，而社會性需要反倒起不了作用，常表現為精神空虛、情趣低下，缺乏正常的生活理想和信念，成天追求感官刺激與滿足等，也正是因為這一點，很多犯罪人的物質主義使其對金錢有著強烈的需要，而一旦獲得不義之財，他們又往

往會很快揮霍一空，緊接著還會追求更多的物質欲望滿足。

2.某些需要畸形發展。某些需要與其他需要無法平衡與匹配，甚至表現為異常和變態，與社會規範相衝突。如有的犯罪人沒有正確的愛情觀、親情觀、友情觀，只有極端的「愛」的需要，如因深深地「愛」著某人，所以要包庇其犯罪或傷害他人，或因自己的「愛」得不到滿足，所以憤而毀滅對方。也有的犯罪人具有扭曲的「自尊」，他們狂妄自大，目中無人，當他認為別人有損他的「自尊」時，即便是微不足道的事，也會勃然大怒，傷害他人。還有的犯罪人喜歡逞凶鬥狠，他們認為「自我實現」就是要心狠手辣，讓警察也奈何不了自己，而思想影響行為，這樣的想法不斷強化，最終便是走向犯罪。

三、以違法手段追求需要的滿足

當然，並不是所有犯罪人的需要都是不合法、不正當的，有時他們為了滿足合法正當的需求，不惜損害他人和社會利益，甚至違法犯罪。如有的犯罪人為了要回自己的合法報酬，不惜綁架老闆的妻兒，以此作為威脅；或者在基本生活得不到保障時，不向有關部門尋求救助，而是鋌而走險，幹起了偷盜、搶劫等不法勾當；或者犯罪人遭人誹謗、陷害，出於羞憤，報復犯罪，而這些情事在現今網路虛擬社會時有所聞。

發洩蓄積多時的憤怒——犯罪動機

在引發故意犯罪行為的諸多心理因素中，犯罪動機與犯罪行為距離最近。犯罪動機直接引導出犯罪行為，並在與各種不良心理因素相互影響中，將其他心理諸要素指向犯罪行為。所以說，犯罪動機是犯罪心理中最活躍的成分。

犯罪動機特徵之一是犯罪人通常存在著犯罪與不犯罪的心理衝突，這是因為犯罪人存在多方面、多層次的需要，如安全的需要、享受的需要、受人尊重的需要等。犯罪人由享受的需要引發的財物型犯罪動機，與由安全的需要、受人尊重的需要引發的守法動機，會發生強烈的動機衝突。當然，在不同的犯罪人身上，如初犯、屢犯，這種動機衝突的強度會有很大的區別，但都必然或多或少地存在著。這表示，犯罪心理並不是固定不變的，對已具有犯罪動機的犯罪人來說，犯罪動機只是其主導動機，他們同時還存在著不佔主導地位但卻是相對立的不犯罪動機，也就是說，犯罪人在一定的時間裡是處於犯罪與不犯罪的矛盾心理中，他們內心的掙扎也是顯而易見的。

犯罪人陳江河（化名）有一次在妻子出外時，無意間看到抽屜裡有一封妻子的信，內容頗為曖昧，陳江河怒火中燒，妻子回來時對其大打出手，妻子事後也有悔意，表示不會再犯。可是，陳江河總是耿耿於懷，常常借此與妻子吵架。

某日，陳江河與妻子鬥嘴，心中非常鬱悶，就想：「自己的老婆被人招惹了，我還不能也招惹別人的！」原來，陳江河在潛意識中，要把對妻子的不滿和憤怒轉嫁到其他女性身上。第二天晚上，陳江河與妻子爭吵完憤而摔門而出，在巷子口尾隨一名單身女子，並在一個人煙稀少的巷子裡對該名女子強姦得逞，還搶走了該女子身上的所有值錢物品。

第一次作案後，陳江河心中不免擔心害怕。誰知返回作案現場觀察過幾次之後，發現被害人並沒有報警，這下陳江河徹底放心了，他覺得自己久積於心裡的那些不甘與憤怒得到了發洩與滿足。從此以後，陳江河一發不可收拾，只要一與妻子吵架，就會跑出去犯案。

半年後，陳江河因涉嫌多起搶劫、強姦案件證據確鑿，終被判刑入獄。

陳江河在第一次作案後，他心裡也一度非常緊張、恐懼，擔心被害人報案。但他重返作案現場，發現現場並沒有員警，由此他做出判斷，被害女子並沒有去報案。這無疑是給他打了一劑強心針，他沉重的心理壓力一下子得到釋放，且陳江河犯罪最初是以姦淫為目的，搶劫只是附帶的行為，但是在接連不斷的犯罪過程中，這兩者之間的地位發生了根本性的轉化。幾次下來，陳江河累積了經驗，他知道對年輕女子性侵，一般受害人不想把事情鬧大所以不會報案，而搶劫以後對受害人加以性侵，不只能獲得財物，還能有效防止其報案，這也算得上是有效的「自我保護」了。

隨著作案次數不斷增加，陳江河的犯罪心理不斷得到強化，作案手段越來越老練，作案次數也越來越頻繁。

由上述案例，我們認識到犯罪人的心理是具有內在矛盾性、可轉變性的，除此之外，犯罪人犯罪動機的發展變化會有多種結局，如犯罪動機的消退、實現、轉移、重合等，但任其發展，隨著犯罪經驗的積累，其基本趨勢往往是經歷由淺入深、由單一到複合的發展變化過程。也就是說，犯罪人的犯罪欲求會逐漸加強和擴大，財、色、暴力乃至反社會等犯罪動機，不僅各自會逐步加深，還會發生交互影響，最終導致「牽一髮動全身」之惡劣影響。

第4章 犯罪人的人格特質

犯罪人的氣質特徵

什麼是氣質？氣質是個體心理活動的反應特徵，即心理活動所表現出來的速度、強度、穩定性、靈活性等方面的特徵。例如，有的人心理活動迅速敏捷，有的人則遲鈍緩慢；有的人心平氣和、活潑開朗，有的人則多愁善感、深思熟慮。

氣質的生理基礎是人的神經活動類型，因此，它是一種帶有相當先天性的個性心理特徵，當然，也必須注意，後天所形成的性格會掩蓋和改造一個人先天的氣質類型及特點。神經活動的基本過程是興奮與抑制，這一過程有三個基本特徵：強度、平衡性、靈活性，這三個基本特徵的不同結合就形成了四種基本的氣質類型：膽汁型、黏液型、多血型和抑鬱型。四種基本的氣質類型具有各自的特點，主要表現為：

1.膽汁型：神經過程強而不平衡。這類人情緒容易激動，反應迅速而敏捷，行動急促而有力；態度直率，精力旺盛，富有表情，外向；不善於三思而後行。

2.黏液型：神經過程強、平衡而不靈活。這類人反應比較緩慢；態度持重，情緒平衡；按部就班，遇事較謹慎，內向；不夠靈活，有些刻板、冷淡。

3.多血型：神經過程強、平衡而靈活。這類人易於適應環境的變化；思維靈活，反應迅速，活潑好動，善於交際，外向；心境易變，缺乏忍耐性和毅力。

4.抑鬱型：神經過程弱。這類人情緒體驗深刻，特別敏感，富有同情心；辦事認真、細緻、踏實、持久；較少與人主動交往，內向；有些怯懦、孤僻。

阿良是個送貨員，他喜歡上一個會彈鋼琴的女孩，於是他住到了女孩對面那棟樓裡，從他的房間可以看到女孩彈鋼琴的樣子，很美。他拍了很多女孩的照片，但屬於膽汁型的他具有多面人格，浪漫的獨自冥想以及乖戾的獨霸佔有。他總是拿望遠鏡觀察女孩的一舉一動。

一次，在路上相遇，女孩買的水果掉在地上，他幫她撿了起來，女孩微笑著跟他道謝，他害羞地笑了。不久，女孩收到一個裝有刀片的信封，她感到很害怕，彷彿身後的某個地方總有雙眼睛盯著她。

某夜，阿良換了一身黑色的衣服出門，他在她家門口用蘸著迷藥的毛巾迷倒了她，並將她帶到了自己家裡。女孩解開蒙著自己雙眼的毛巾，眼前映入的是那張微笑著卻邪惡的臉，真的是那個陽光男孩嗎？

「要吃點水果嗎？我記得你喜歡吃櫻桃，我洗得很乾淨，你吃吃看！」迷藥還沒有完全退去的女孩開始掙扎，卻顯得很無力，阿良抱起女孩說，「我很喜歡你彈鋼琴的樣子，不為我彈一首嗎？要不我們跳一支舞吧！」說著，他拉著踉踉蹌蹌的女孩開始跳舞。可是，女孩顯然很害怕並且不合作，阿良很生氣，一邊掐著女孩的脖子，一邊抱著女孩跳舞，不多久，女孩終於不再掙扎了，跟著他慢慢地移動著腳步……

事後，在警方的審訊過程中，阿良說：「我只是希望她不要拒絕我，我不是故意掐死她的……」

調查研究顯示，在暴力犯罪人中，屬於膽汁型者佔較大的比例，這與他們情緒易衝動、自我控制能力差有一定相關。這些犯罪人往往神經過程強而不平衡，因一些小事一時衝動，導致殺人、傷害、毀物等違法犯罪行為發生。上述案例中的阿良就是屬於典型的膽汁型，情緒易激動，反應靈敏，易衝動，做事情不懂得「三思而後行」的道理。

氣質類型並無好壞之分，不同的氣質類型使人們的行為活動帶有某些色彩，但不會直接影響一個人行為的正確與錯誤、成功與失敗。各種氣質類型的人在錯誤的價值觀支配下都有可能犯罪，但不同氣質類型的犯罪人在犯罪類型、犯罪方法的選擇上表現出不同的特點，即便在同類犯罪中，不同氣質類型者在犯罪方法、手段上也會有所不同。如故意殺人中，膽汁型的犯罪人多為激情犯罪，且手段較為殘忍，更多暴力傾向；而抑鬱型、黏液型的犯罪人多為預謀犯罪，犯罪方法更多種多樣，善於採用非暴力手段，如縱火、下毒、間接攻擊等。

犯罪人的性格特徵

二〇〇四年二月，大陸雲南大學學生公寓發生惡性兇殺案，四名在校大學生被同學馬加爵殺害。馬加爵，案發前人們看他的表現並不算壞，但為什麼突然做出這麼一件驚天動地的大案，這麼兇殘地殺害了與他同窗三載且無冤仇的同學？

除了其他因素的作用，致使馬加爵產生犯罪心理的主要因素是他的不良性格，即性格中過分自尊與過分自卑的成分。

從馬加爵的往事中可以清楚地看出他存在嚴重的自我中心傾向。一次當他與奶奶在看電視時發生衝突後，他在日記中寫道：「我好痛恨奶奶，恨死了，恨死了！」滿頁紙上寫著「恨奶奶」，而且寫了兩天。馬加爵這種躲在自我中心小圈子裡的人，永遠都會感到自己的利益沒有得到滿足，埋怨、委屈自然會充滿心頭。

過分自尊的人總是需要別人處處維護他的自尊，當自己自尊的需要得不到滿足時，自卑便產生了。一般來講，自尊越強的人自卑感也越強。過分的自尊與自卑，讓馬加爵特別在乎外界對他的評價，別人不經意的話語甚至是玩笑，在他看來則是嘲笑與諷刺，成為傷害他的「利劍」。

從馬加爵的大學生活中頻繁地與同學間發生摩擦的情況來看，他所受到的這種「傷害」是經常且持久的，因此，因「傷害」而轉化的仇恨情緒一次次積聚起來，他的犯罪心理也在不知不覺中膨脹了。

案發前幾日的一天，馬加爵與同學小邵因打牌發生糾紛，小邵懷疑馬出牌作弊，兩人當眾爭執。過程中，小邵說：「沒想到你連玩牌都玩假，你為人實在太差了，難怪XX過生日都不請你……」小邵的這句話對內心極自尊又極自卑的馬加爵造成了「毀滅性的打擊」，他長期以來努力維繫而且深深依賴的社交體系驟然崩潰。

因為小邵是他自認為在班上唯一的知心朋友，原本同類、同歸屬於一個群體的人這時拋棄了他，馬加爵頓時感到自己的無助、失落，一種強烈的被遺棄感產生了。他深深地感受到「我覺得我太失敗了」，他再也忍不住平時積聚的怨恨，他需要發洩。這時，他的犯罪心理極度惡化，形成了強烈的犯罪動機，並將兇殘的犯罪想法付諸行動。

因為馬加爵家境較為貧窮，所以很多人說是貧窮促使馬加爵犯罪；事實上，當你瞭解馬加爵真正的內心世界，就會發現答案並非如此。馬加爵的情感強烈細膩，他對人生和生命充滿疑問，這種疑問從他中學時代就已出現，從那時起直到他殺人的那一天，沒有人真正給過分析和解答。這其中一大重要原因是他性格內向，別人很難探測到他心中真正所想，更難走進他的內心。

馬加爵對人生意義的看法是成就一番事業，他覺得人活著最重要的三件事：第一是快樂，第二是親情，第三是錢。他把錢放在第三位，這就說明貧困不是他的主要犯罪動機，而快樂、被群體認同，在他心中卻佔有極重的地位。

馬加爵自小形成的內傾型性格，根據心理學家艾森克的分析，該性格有以下特點：

1. 性格孤僻，內省，生活有規律。

2. 安靜，不善交際。

3. 很重視道德標準，但有些悲觀。

4. 對書的愛好甚於對人的交往，除親密朋友外，對人總是冷漠，保持一定的距離。

5. 傾向於事先計畫，三思而後行，嚴格控制自己的感情，很少有攻擊行為。

但需要注意的是，內傾型性格有它的優點和缺點，而它與犯罪心理的產生沒有必然關聯。

馬加爵之所以闖下大禍，是其所處的環境造成的，這不是他犯罪心理的原因，也不能簡單定義為是影響其犯罪心理形成的主要因素，我們只能說，無法擁有正確得體的自我感受，無法將自己恰當地融入社會的大環境中，卻又過分自尊和過分自卑，這樣極端又跳躍的性格特徵，是他最終害人害己的直接因素。

第5章 犯罪心理的成因和發展變化

心理的失衡源自生理不足

阿滿從小生活在鄉下，家裡有三個哥哥，兩個妹妹，母親精神失常，父親酗酒成性，加上小時候臉部不慎燒傷留下了永久的疤痕，使得她一直很自卑。

長大後哥哥們陸續成家，在哥哥的撮合下，阿滿也嫁給了患癲癇的鄰居阿進。多年來，不如意的生活讓阿滿埋怨哥哥在心，並總是與隔鄰的大嫂處不好，有一天，阿滿在大哥家的菜園裡摘了幾把菜，嫂嫂竟在街上大罵她是偷菜賊。新仇加上舊恨，於是她買了一瓶農藥，偷偷倒進大哥家的茶壺裡，傍晚時分，哥哥、嫂嫂下工回來，喝了茶後很快便中毒送醫了……

我們知道，男女性別差異，造成男女生理、心理特徵及社會角色扮演等方面的差異，使得男女在犯罪類型和方式上表現出差異性。

一般來說，由於受到社會文化的影響，男性在社會上往往扮演著「勇敢」、「冒險」、「主動」的角色，而女性在社會上多與「溫柔」、「順從」等聯繫在一起。反映在犯罪及其行為上，男性更為主動，攻擊性更強些，尤其是在結夥犯罪中，男性常常處於主動地位，女性則常處於被動地位。一些女性長期遭受家庭暴力侵犯，忍無可忍之下，洩憤犯罪；或參與結夥，以彌補自身能力的不足。

女性在犯罪時，往往都採用適合自身特點的犯罪方式和手段。事實上，在此案中，女性犯罪人並沒有選擇暴力手段，而是選擇了相對「溫和」的手段作案就是一個很好的說明，但不管手段如何，當一己的行為造成他人的傷害，同樣須面臨法律的制裁。

迷失的心理

許多青少年犯罪的原因之一就是認知上的錯誤，這樣的犯罪人意志一般都具有兩極性，即一方面表現為追求崇高的英雄主義，目標堅定，哪怕以身試法也要進行犯罪行為，在犯罪過程中意志頑強，行為主動，為達目的不擇手段；另一方面表現積極向上的欲望，只不過經不住錯誤認知的誤導、內心欲望的糾纏和「英雄」犯罪的誘惑，最終還是犯下錯事。

其實這樣的人已經心理迷失，他們對社會敵視，喜歡鑽牛角尖，習慣片面地分析問題、誇大社會的陰暗面，對集體漠不關心、自制力缺乏、放縱、任性、固執，以及嚴重的情緒對立或嚴重的情緒不穩定等，而這些都與犯罪心理的形成息息相關。

林姓大學生在大二那年交了一個女朋友小靜。一次，林生室友的女朋友過生日，邀請了林生和小靜參加，看著經濟條件好的室友給自己的女朋友買了一些漂亮的禮物，其中一條裙子的價格貴得超過了林生半年的伙食費，林生心裡很不是滋味，覺得社會太不公平，有的人那麼富有，而自己卻一貧如洗。於是他暗暗下決心，一定要在小靜生日的時候，送給小靜一個昂貴的禮物，但他絞盡腦汁也想不出一個好的解決辦法。

某日，他去接家教下課的小靜時，看到該社區的車棚裡放了不少高檔自行車，心裡生出一個惡念。在後來幾次接女友下課的過程中，林生都注意觀察社區的保全情況，他發現這個社區的管理十分鬆散，像他這樣的人可以隨意進出。

一天傍晚，他又來到了這個社區，打算偷車，正當他要下手時，一個社區住戶正好走過來，林生感到十分緊張，最終因懼怕而放棄。事後，林生越想越生自己的氣，感覺自己很窩囊。他對自己說一定要偷上一輛，不然就買不起像樣的禮物送給女友。第二天，他在偷車時被巡邏的保全當場抓住，旋即扭送警局。

林生原是一個勤學上進的好學生，但由於家境貧寒，加上有了女朋友以後，有一種與室友盲目攀比的心理，這使得他的認知發生了很大的轉變，他覺得社會太不公平，貧富差距使他抬不起頭來，為了滿足自己在女友面前的虛榮，林生不惜鋌而走險，企圖偷竊自行車。

從表面上看，家境貧寒使他產生了對錢財的強烈需求，進而產生犯罪動機，走向犯罪道路，但從實質上看，林生的犯罪行為仍與他不良的個性傾向（不良的需要、不正確的動機、錯誤的人生觀）和偏頗的性格特徵（偏激、自私等）有著密不可分的聯繫。

犯罪心理的質變與形成過程

人的個性有好壞之分，一般來說，犯罪者都具有不良個性心理品質。研究犯罪者走上犯罪道路的歷程，我們就會很容易發現，犯罪者大都經歷了在個性方面逐步演變、越變越壞的演變過程，這樣的漸變模式具有一定的普遍性。犯罪者的不良個性，還會對社會生活中的消極因素產生反應，並結合內外消極因素，使個人的個性品質發生惡性質變，最終導致犯罪心理形成。

犯罪心理形成的模式不一，主要有以下兩種：

1. 漸變式：即犯罪心理形成是一個逐漸發展的過程，體現了心理變化的程度和歷程，犯罪心理的萌芽、發展和成熟過程較為明顯。

2. 突變式：即犯罪心理的形成是一個突發的過程，體現了心理變化的偶然性和情境性。

從諸多犯罪案例中，我們可見許多罪行重大的犯罪人，最初也是從偷、騙到搶，最後在犯罪的道路上一發不可收拾。我們可以看出他們的犯罪心理是逐漸變化的，而犯罪動機的形成過程一般經過四個階段：

1. 意向階段：犯罪人由於受到外界因素的刺激或由於內部因素的躁動，初步萌發了犯罪動機。這一階段，犯罪人有一種躍躍欲試的衝動，心裡感到不平衡和焦慮，甚至躁動不安，這時的犯罪動機剛剛萌芽，主體不能明確地意識到它的存在。

2.明確階段：犯罪人不斷地進行權衡和選擇，動機逐漸變得明確、清晰；主體能夠意識到它的存在，犯罪目的確立。

3.決意階段：犯罪人眾多的需要使犯罪人產生了激烈的動機鬥爭，作案不作案、何時何地作案等問題不斷地影響著犯罪人，最後犯罪意志堅定，犯罪動機得以鞏固，稍有機會，犯罪人就會進行犯罪。

4.消失階段：犯罪人實施了犯罪行為或中止了犯罪行為，使原有的犯罪動機消失。但對於慣犯來說，這一階段犯罪動機消失後，很快又會產生下一階段的犯罪動機，並重複循環。

第二篇
青少年犯罪

第1章 失落在如花的季節

青少年犯罪誰之過——犯罪低齡化

從二〇〇六年五月起，十三歲的小恆與三名同學僅因對搶劫有極大的「好奇心」，就裡應外合地「演戲」，對自己的同班同學進行了多次搶劫，共劫得手機、現金等財物總價值達數萬元。

小恆是一所國中一年級的學生，他的成績處於中段，老師和家長都很少管他。某一天，小恆在家接到了同學小克的電話，說是看上了一個同學的手機，想「借」來玩玩。電話裡，小克詳細講述了如何按照他們設計的情節去「演戲」。

放下電話，小恆召集了另一個同學小丁。在路上，他隨手撿了兩根鋁合金的管子，到了預先說定的地點，坐等目標出現。不久，小克和另一個同學沿著街道走過來，小恆、小丁便在他們後面跟著，當幾個人靠近路邊停著的一輛大客車時，小恆故意靠上去撞了小克一下。

雙方很快發生了口角，而這些都是他們之前串通好的「台詞」，這時真正的戲才開始上演，小恆、小丁開始對小克那個同學下手，他們掏出事先準備好的鋁合金管子，抬手便對著那個人打了過去。手無寸鐵的同學根本招架不住，一陣拳腳和棍棒後，開始求饒，主動交出了隨身攜帶的錢和手機。

拿到財物的小恆、小丁立即離開現場，跑到附近一家速食店，等著小克過來，三人吃喝一番後才各自回家。這次的經歷讓小恆覺得既刺激又大有斬獲，而且做起來也不是很難，小恆感覺很得意，另兩人也一致認同他的想法，因此，在接下來的日子裡，他們便經常用這種「演戲」的方法搶劫自己的同學。不久，有同學的家人報了警，小恆他們三個人被帶到警局。

「為什麼要搶劫自己的同學？你和他們有過節嗎？」員警問小恆。

「沒有什麼過節，不過我感覺搶人家東西挺刺激的，而且很有成就感，所以就去搶了。」小恆輕描淡寫地說。

法制意識淡薄是小恆與同學犯罪的一個特徵，他們的行為充滿「孩子氣」，在他們看來，犯罪很大一部分原因僅僅是為了好玩。當然，也不全然如此，他們中的有些人是因為沒錢而去偷去搶，有人直接就從網路或電視上學到一些犯罪手法，有人因為認識不良同伴，或者從網路上結識一些不正當網友，受其影響而走上犯罪的道路。

面對青少年犯罪的日趨低齡化，我們在深感心痛的同時，是不是應該有所反思呢？孩子的教育真的非常重要，我們的社會應該多關注這些孩子，有的時候，一些孩子因為衝動犯罪之後，社會也不要戴著有色眼鏡去看他們，對他們應多寬容，鼓勵他們重新走回正軌，但是，最重要的是父母要加強照管，學校要杜絕失學、加強法制教育，而青少年朋友在致力於學業的同時，也該多學法、知法，懂得用法律維護自己權益的同時，也要用法律約束自己。

再來看看另外一個案例。小傑國中畢業後就開始混幫派，因父母離異，他一直跟著奶奶住，平常也沒人管他。

有一次，朋友小川讓他幫忙找幾個人去打架，承諾每人給五百元，小傑就找來幾個朋友幫忙，可是那場架後來並沒有打成。事後，小傑找小川要錢，小川說：「架都沒打，給什麼錢！下回吧，下回有這種『好事』，我再叫你，到時候多給你一點，總行了吧？」小傑不同意，兩人吵了起來，還動了手，這下「仇恨」結下了。

沒過幾天，小傑主動找到小川，向其示好，並順利地從小川那裡借了輛自行車，轉手賣了幾千元，還用這筆錢買了幾把砍刀，小傑把這些砍刀送給幾個「兄弟」，並且在刀把上刻下了彼此的名字。幾周後，小川在一家網咖找到小傑，並向其索要自己的自行車，小傑不給，雙方又吵了起來，在爭執的過程中，小傑被小川甩了幾個耳光，嚥不下這口氣的小傑當夜就找了自己的「兄弟」，帶著砍刀在小川家門前的巷子裡將小川截住，並砍傷了他。不久，小傑一夥人被循線趕到的警方悉數捕獲。

分析這個案例，可見是誤交損友讓小傑走上犯罪的道路，這很大的原因是因為他自小缺少父母的照顧，年邁的奶奶根本沒有精力監管他，所以他從很小就已經開始自己處理事情，但他仍然是個「孩子」，並沒有形成正確的人生觀、價值觀，面對社會的各種誘惑，面對過早進入的社會，或多或少沾染上一些不良嗜好，一不小心就走上了犯罪道路。

無知的大人，不懂事的孩子——暴力教唆

二〇〇五年的某天，一名十三歲的男孩阿邦強暴了同社區十四歲的女孩小芳，小芳的家人很快報了案，然而阿邦「未到法定刑事責任年齡」，很快被釋放了，被害人家屬憤而訴諸法庭。經審理，法院判決阿邦需向小芳賠償醫藥費等各種費用

五十萬元，法院的判決書送達後，阿邦的父親氣得天天數落他。一天，阿邦的父親罵到情急竟說：「在外面惹是生非，你倒是有本事啊，那怎麼不自己擺平，到最後還不是老子的錢倒楣，混蛋小子，看看你做的這個混帳事，你幹嘛不乾脆把她弄死，反倒是讓她的爸媽來禍害我，找我要錢！」父親這一席話把阿邦刺激得血脈賁張，心裡想著：「我自己做的事，我會自己解決」。

第二天傍晚，阿邦悄悄來到小芳家周圍探視，他發現有一處平台可以沿著管線進到小芳家，於是，他懷裡藏著兇器，躲在陰暗處準備伺機動手。晚間，小芳一家人都入睡了，聽到屋裡傳出輕微的鼾聲，阿邦覺得時機成熟了，他躡手躡腳地走了進去，借著月光，對著小芳媽媽的脖子就是一刀，對方本能地伸手掙扎，幾乎同時，睡在隔房的小芳被一陣奇怪的聲音驚醒了。她過來一看，猛地發現阿邦向母親揮舞著尖刀，沒等她喊出來，阿邦便一把捂住她的嘴，壓低聲音說：「別吵，安靜點，要不我連你一起宰了！」膽小懦弱的小芳嚇傻了，躲回了房間。接下來，她聽到了平生最恐怖的聲音，殺紅了眼的阿邦一刀一刀揮向毫無反抗能力的被害人……

後來經法醫鑑定，小芳媽媽身上的刀傷竟有二十五處。

審訊時，警方問：「為什麼要砍那麼多刀？」

阿邦說：「我就是想砍死她，這樣她就不會再跟我爸要錢，找我爸的麻煩了。」

上述案例中，阿邦受了父親的話刺激，想為父親及自己除去「麻煩」，所以殺了受害人小芳的媽媽，這一切都源於阿邦父親的埋怨，甚至是「唆使」。身為監護人的父親，理應對未成年而犯錯的兒子進行管教並承擔民事賠償責任，可是他不但沒有因此好好地盡自己的本分，反而是埋怨兒子做得不夠徹底，給家裡帶來了麻煩，最後甚至以言語刺激兒子殺人以除去麻煩。當然，阿邦的父親可能只是一時說的氣話，並非真的想教唆兒子殺人，但是他忽略了未成年的兒子在心智上以及分辨是非的能力上尚存在不足，他的氣話令兒子產生了殺人動機，以致犯下了殺人的案件。

年僅十三歲的阿邦在犯罪過程中不僅表現出青少年犯罪的暴力特徵，而且表現出與其年齡特點不相符的沉著、冷靜等特點，手段極其殘忍，在被害人毫無反抗的情況下狂砍其二十五刀，致被害人當場死亡。

上述的悲劇到底是誰造成的？阿邦？其父？其實都有，首先，阿邦受生理、心理、智力、閱歷等因素的影響，看待事物、處理事情時容易情緒化，以暴力手段處理的結果是走上了犯罪道路；其次，邦父在對阿邦的教育中存在很大的問題，兒子做錯了事，犯了罪他沒有進行教育和疏導，而是一味地抱怨訓斥，甚至教唆兒子再去犯罪，可見其法律意識淡薄。父子二人，都必須為自己所犯的罪接受法律的嚴懲，而我們也應該引以為戒。

而說到因為大人的「不懂事」，致使青少年甚至是兒童受害，還有以下另一個案例。有段時間，網路流傳著一段影片，影片講述的是兩個幼稚園老師「口頭指揮」一個幼稚園女童掌摑、腳踹另外一名男童，更有多名小孩在一旁「觀看」。影片內，有清脆的耳光聲、孩子的哭泣聲，還有錄製影片和口頭指揮老師的笑聲……

這兩個幼稚園老師的行為，用荒誕來形容顯然是不夠的，身為幼教人員，他們更應該對孩子有一顆責任心及愛心，如此荒誕行為，確實突破了為人的道德底線。

不管這兩個老師是出於什麼目的，但他們這樣做的結果對任何一個孩子都是有百害而無一利。對於被打的孩子來說，肉體上經受了折磨，精神上也受到了傷害；對於打人的孩子來說，他們則接受了一次暴力攻擊行為的教育，他們認為打人是被認同的，自此同情心喪失或難以培養；對於圍觀的孩子來講，他們也目睹一起暴力事件，他們是對被打的同學報以同情和鄙視，還是對打人的同學感到羡慕和崇拜呢？不管答案是什麼，我們只知道，這些稚嫩的幼苗被強迫接受了一次暴力行為教育，這無疑將會對他們以後的人生造成極為惡劣的影響。

第2章 青少年社會化過程中的矛盾

你我都有的矛盾並不可怕

青少年當在生理上已接近成人，具備了成人的體態形貌和生殖能力時，然而他們在心理上還很不成熟，處於性無知與情感饑餓、情感空白的孤獨境地。

性心理是大腦對客觀現實的反映，既有主體生理客觀的一面，也有在實踐、學習或社會影響中獲得強化的一面。許多青少年往往由於性無知造成情緒波動，產生迷惑、恐懼、焦慮、害怕等，增加了心理壓力，造成不良後果。所以，父母、師長應該幫助青少年消除這些不良心理反映，對其進行性知識和必要的心理輔導。

十六歲的小龍和小峰都很喜歡耍小聰明，天天掛在網上的他們突發奇想，決定進入同性戀網站，「結識幾個『同志』，見識見識同性戀的生活，順便弄點錢花花！」想法一出現，兩人很快就進行計畫，幾天後就從某個同性戀網友那裡弄到了三千元。事後，兩人坐下一起檢討，小龍說：「收手吧，別再幹了，我們又不是同性戀，跟同性戀做那種事情不正常，再這樣下去會出問題的。」小峰聽了也表示贊同：「就是，這種事做一次沒事，以後不能再做了。」

半個月後，兩人弄來的錢花完了，這時，小峰對小龍說：「我們再做一次吧，最後一次。」小龍很猶豫，小峰說：「是不是兄弟？是兄弟就一起幹！」小龍聽小峰這樣一激，覺得自己不應該再拒絕了，否則就得罪「兄弟」了。

說幹就幹，兩人一起上網，找到一名姜姓「同志」，對方苦於在現實生活中找不到同伴，二人便謊稱與其「志同道合」，相約見面。第二天，三人約在姜某的住家附近見了面，姜某還請小龍和小峰大吃了一頓；接著，姜某又借了朋友的一處空房子，讓兩人住在那裡。「你們在這裡住幾天，吃喝我負責，過兩天我再帶你們到處玩玩。」當晚，「情投意合」的三人同吃同住，相處得很融洽。哪知道，半夜小龍和小峰突然爬了起來，將姜某撲倒在床上，並將一把水果刀抵在了他的脖子上，「親愛的，對不起，我們沒錢了，又陪了你一天，你是不是應該有所報答啊？」隨後，兩人將姜某五花大綁，捆在床上，強暴了姜某，並洗劫了姜某身上所有的財物。

剛剛還親密無間的「朋友」突然翻臉，姜某嚇壞了，直到兩人逃走半個多小時，才弄開了繩索，向派出所報了案。

隨後，檢警透過網路資料，很快將小龍和小峰逮捕歸案。

青少年時期，隨著生理的變化，精力越來越旺盛，但是心理水準的提升卻相對緩慢，並沒有足夠調節和支配過剩精力的能力，這個時期大家的生理能量消耗很快，心理上的探索能力和好奇心也在加速發展。

案例中的小龍、小峰，對於「同志」的圈子很好奇，他們也正處於好獵奇的年齡，認知能力的不成熟使得他們片面地認為「這種事做一次沒事，以後不能再做了」，這樣的想法是天真的，可見他們對於性取向的認知存在一定的問題。但是，他們正處於向成熟過渡的階段，已經產生了朦朧的性意識，對性好奇是人之常情，只是他們的性道德觀念完全落後於性生理的發育程度。所以，他們覺得透過與同性戀者發生關係並取得錢財只不過是一種途徑，而不認為自己這樣做是錯誤的，甚至是一種犯罪行為。

綜上所述，小龍和小峰之所以走上犯罪的道路，主要原因在於其在社會化過程中的生理與心理發展之間所存在的矛盾，諸如，精力過剩與缺乏支配能力的矛盾、好奇心強和自制力差的矛盾、好奇心強而認知水準低的矛盾、性生理發育成熟與性道德觀念形成較晚的矛盾等，所以，青少年朋友在成長的過程中，要學會調節自己的生理與心理矛盾，增強自制能力，才能健康快樂地長大成人。

青少年的心理矛盾與犯罪

國際社會關於青少年犯罪原因論主要有以下四種觀點，分別是：

1.標定理論：此理論為美國犯罪學家貝克爾、李默特等人提出，該理論認為青少年犯罪是社會對有過錯的兒童貼上壞的標籤的結果，當他們第一次被貼上壞的標籤之後，就放縱自己的不良行為，以此來對抗社會對他們的不良標定，進而使他們不斷向違法犯罪的方向發展，最終成為違法犯罪者。

2.次文化理論：此理論為美國學者科恩等人提出，該理論認為青少年犯罪是下層社會少年中次文化發展的結果。下層社會的青少年渴望達到中上層社會的生活目標，但是由於本身種種條件的限制，使得他們在學校或社會上的競爭中經常遭到失敗或挫折，但是又無法忍受或妥善處理這些挫折，因而逐漸形成了不同於普通社會的價值觀念，以此來克服社會適應中的失敗與挫折，並且逐漸認為他們不屬於正常的社會。於是，這些青少年自己結合起來，形成次文化群，共同用反社會的行為來應付社會適應中產生的問題，這樣的次文化群常常被稱為「幫派」。

3.社會學習理論：此理論為美國心理學家班杜拉所提出，該理論認為犯罪行為是透過觀察學習、聆聽周圍社會環境中人們的言行或直接體驗犯罪活動獲得的。獲得犯罪行為的外部條件是家庭成員的示範和鼓勵，次文化群的影響，大眾傳播媒體中言語、文字、圖像等符號的示範；犯罪行為由於得到外部強化而得以保持；犯罪行為由於模仿、不利處境的逼迫、誘因的作用、命令與強迫、妄想、酒精作用等因素而被激發。

4.交叉接觸理論：此理論為薩瑟蘭於一九三九年提出，該理論認為包括青少年犯罪在內的一切犯罪行為，都是在與關係密切的群體的接觸交往過程中，通過交互作用模仿學習得來的。

十五歲的小鑫自從接觸了網路，就開始沉浸在網路的世界裡，原本中上的成績陡然下降，媽媽怕他鎮日流連網咖，嚴格限制了他平日的花費，因此小鑫便沒有了上網咖的錢。怎麼辦呢？正當小鑫苦惱不已時，他突然「靈機一動」，想到了偷家裡的錢。

小鑫先是偷了爸爸一千元在網咖待了幾天，回來後，父親對他一頓打罵，但這對他來說如家常便飯。禁足幾天後，上網的欲望又像蟲子一樣噬咬著他的心，怎麼辦呢？媽媽提防得緊，根本弄不到錢。這時，爸爸月初跟媽媽商量給爺爺奶奶生活費時說的一番話適時浮現出來：爸爸給了爺爺五千元，正好可以拿來先救救急，於是他便想去偷爺爺的錢。

一天吃完午飯，小鑫來到爺爺的住所，爺爺奶奶都已經睡了午覺，小鑫偷偷摸摸進到屋內，翻箱倒櫃也沒有找到那五千元，一陣聲響後，爺爺被驚醒，睜開眼看見是小鑫，直問他：「找什麼？」，小鑫一時情急，推開爺爺轉頭就跑，雖然逃離了現場，但他事後得知，爺爺被他一推之後倒地不起，奶奶也因驚嚇過度而心臟病發。

少年小鑫為了偷錢上網咖，竟然親手傷害了爺爺和奶奶，他與爺爺奶奶是有感情基礎的，只是為了弄到上網咖的錢，就什麼都不顧了，那時的他表現出來的是犯罪意志的堅定性和情緒自制性差的矛盾特點。犯罪後，小鑫沒有逃避，雖然已經鑄下大錯，但是他勇敢地選擇了自首，這說明他有悔過之心，並在心理上戰勝了自己，當然，如果他能在犯罪之前內心掙扎時戰勝自己，那麼也就不會發生這樣的憾事了。

除了上述案例中小鑫所具有的意志與情感的矛盾，青少年朋友在社會化過程中還存在認知與情感矛盾和認知與行為矛盾，這些都足以影響他們的心理發展，稍有不慎，就可能引導他們走上違法犯罪的道路。

第3章 犯罪青少年的心理特徵

綁架殺人的背後

阿志是個國二學生，由於父親失業，靠著打零工為生，生活有些拮据。

一次，媽媽帶著弟弟去學校接阿志放學，無意間看到阿志同班同學李佳露的媽媽來接她。媽媽問阿志：「她是你的同學嗎？」阿志點頭，媽媽說：「她家好像很有錢，我看她媽媽開著名車來接她放學呢。」阿志不出聲，媽媽好像意識到了什麼，說：「不過那也沒什麼，有錢有有錢的好，沒錢也有沒錢的好啊，只要用功讀書，將來你一樣可以上大學，不要氣餒！」阿志還是不出聲。

回到家後，阿志邊做作業邊想：「憑什麼她們家那麼有錢，既然這樣找她家拿點錢，我家就不用這樣辛苦了，爸爸和媽媽都能輕鬆點。」於是，阿志開始想辦法要向李佳露家弄點錢。

一天中午午休時，阿志對李佳露說自己養了一隻小兔子，問李佳露想不想看。李佳露一下子心動了，跟著阿志來到了一處廢棄的空屋，趁著李佳露不注意，阿志從後面敲昏了李佳露，並用預先準備好的繩子將她綁了起來，接著，他用李佳露的手機打電話到她家，要求十萬元的贖金。這時，被敲昏的李佳露醒了，掙扎著想呼救，阿志怕她喊出聲來，拿起一旁的棍子就往李佳露頭上打，打著打著，李佳露不再掙扎了，慢慢的連聲息也沒有了。

阿志一看李佳露沒有聲息了，安安心心地打完電話，索要贖金，然後，心滿意足地回到學校上下午的課。幾個小時後，早已身亡的李佳露被人發現，阿志也被警方帶走了。在審訊過程中，阿志表現得異常鎮定，他說：「我沒有要打她，我叫她別喊別動，她不聽，我只好隨手敲了她幾下。」當員警說李佳露是因為頭部受到重擊失血過多才身亡時，阿志問：「這是意外，我又不是故意的，而且，贖金我又沒有真的拿到手，我應該沒事吧？」

阿志雖已是個青少年，但他對人淡漠，對同學毫無感情，沒有正確的人生觀和價值觀，而且缺乏正確的法律觀念和基本的法治知識，不曉得自己行為的嚴重性，也不考慮行為的後果，足見其心智之不成熟。

然而，在現實生活中像阿志這樣的青少年並不在少數，他們沒有正確的觀念，在貧富等問題上也認識不清，很多時候純粹是黑白不分，並不是惡意要執行害人情事，但久而久之，如果沒有加以正確的教育，便會走向犯罪之路。

再看另外一個案例。王大正（化名）與老婆同在一家公司上班，他有一個七歲的女兒，在附近一所小學讀一年級，某日，王大正突然接到一個讓他驚恐萬分的電話，電話裡傳來一個男人的聲音：「你女兒在我們手上，馬上準備五十萬元，交款地點我再通知你，不許報警！」

王大正馬上趕到學校，發現女兒確實沒去上學，應該是在上學途中被人綁架了。「千萬不能報警，我們願意將錢給綁匪！」王大正當時六神無主，一直這樣叮囑老師，直到當天深夜，學校終於向警方報案。

警察把小女孩的父母接到一家旅館，全程指導他們如何與綁匪對話、周旋，最後終於將三個綁匪誘捕到案。可是，令人意外的是，這幾個綁匪竟是王大正讀國中的外甥和他的兩個同班同學。經過調查，警方得知這幾個少年只是想用在電視劇中看到的綁架方法獲取一點錢財，沒有傷人的意思，而且小女孩是自己跟著他們走的，因為其中一個少年是她的哥哥。

案例中的三個犯罪嫌疑人都還是未成年人，他們對於法律的認識顯然不夠，甚至覺得自己的綁架行為不算犯法。此外，他們將電視劇中的犯罪情節用於親身實踐，顯然是受到了不良影響，可見，各類媒體對青少年的身心發展有著很大的影響，由於他們自身並沒有很好的辨識能力，父母、師長，甚至是政府相關單位，都應該嚴格把關，以免類似上述案件一再發生。

只因看不順眼就動手

我們都知道，聰明、對新事物敏感、模仿力強是青少年的優點，但頑皮、自制力差、耐性不足也是他們的特點，如果沒有好好引導，他們就很容易受不好因素感染走上犯錯之路。

這幾年，霸凌、吸毒、混幫派在孩子們間「盛行」，原因何在？人都會經過青春期，過去的孩子三天一小考、五天一大考是壓力，肚子餓是壓力，幫父母操持家務是壓力，更大的壓力則來自升學考試。現在，這個階段的孩子有這些壓力嗎？也有，但他們更有來自其他方面的壓力：不良的影視畫面、網路遊戲，很難見到全部的家庭成員，以及連自己的行為是對是錯都不清楚的家長。所以，他們可以對一切表現得無動於衷，甚至對自己每天朝夕相處的同學也是冷漠以對，動輒暴力相向，將原本充滿陽光的校園由天堂變成了地獄。

幾個月前，一段可怕的「暴力影片」在網路上被大量轉傳後引起注意。影片中兩名女生在眾多同學的圍觀下，一次又一次地向一名弱小的國中女生發起攻擊，掌摑頭臉，抬腳飛踹，手腳並用猛擊小腹，在影片的最後，幾名打人的女生居然粗暴地脫掉受害人的衣褲，對她進行再一次侮辱。周圍其他圍觀的同學竟然無動於衷，不僅沒有向被打的女生伸出援手，還反而拿出手機拍下其被打的畫面。

這一惡性事件發生後，警方立即行動，一天之後，就將打人和拍攝影片的女生帶回。令警方感到震驚的是，打人者都是些青少年，其中最大的十六歲，最小的只有十四歲，而且更為荒謬的是，在警方詢問打人原因時，得到的答案竟是「看她不順眼」。就因為這個不能被認可的理由，十六歲女生找來幫兇群毆同學，並把受害者的衣服全部脫掉進行侮辱，同時將全程拍成影片散發給大量網友「共享」。

上述案例中的打人者竟因為對被害人「看不順眼」而對其大打出手，置法律於不顧，甚至可說是泯滅人性。而在犯罪行為過程中，她們對被害人使用了極其兇殘的方式，旁觀的人竟沒有一個人上前阻攔，表現了其情感的冷漠及對是非對錯的認知嚴重不足。

其實，隨著近年來青少年犯罪案件不斷上升，關於犯罪青少年的情緒研究已經越來越得到大眾的關注。一般來說，犯罪青少年對事物認知上的錯誤有時甚至是黑白不分，這使得他們在此基礎上產生的行為有著背離常道的特徵。

他們經常以假為真，以惡為善，把同夥的讚揚看作人生的無尚追求，把同夥的教唆看作人生的真諦，把老師和父母的教育看做是不合時宜的約束，缺乏對他人的尊重和同情，常常把自己的快樂建立在他人的痛苦之上。

另外，他們的道德法制觀念差，這不僅使他們難以舒緩、調整自己的不良情緒，還會不斷地累積不良情緒，使得他們的心理愈形脆弱，很容易憑一時的感情衝動而去做某事，不考慮或考慮不到某種行為的後果。容易上當受騙，容易在微不足道的事情的刺激下，為生活中的瑣碎小事而衝動，產生違法或犯罪行為。

如今，隨著現代社會財富的不斷積累增加，人們的工作節奏、生活節奏也在加快，壓力也像四面銅牆一樣向我們不斷擠壓過來，有些人能夠以正當的方式紓壓，像是旅遊、運動等，都是很好的方式，但有些人卻選擇聲色、賭博為減壓放鬆的方式，甚至有人還帶著幼齡孩子到這些場所，為他們做了最錯誤的人生示範。

青少年的年齡和經歷決定了他們還是不成熟的，尤其是認知上的不穩定性會進一步導致其情感體驗上的不穩定性，這種不穩定性主要表現為情緒變化多端，喜怒無常，不可捉摸。當他們的不正當需要獲得滿足的時候，興高采烈，不可一世，一旦遇到一些小挫折，或者思考一下他們的人生前途時，則感到垂頭喪氣，悲觀厭世，一副無奈又無助的心理狀態，從而遷怒他人，發洩不滿，很容易就會產生犯罪行為。因此，父母、師長有必要為孩子創造一個良好的生活和學習環境，以身作則，給孩子做好榜樣，引導孩子在健康的世界裡茁壯成長，才能根本遠離校園暴力的不良影響。

最危險的「國二現象」

國中階段的青少年正值「身心劇變」時期，其中國二學生尤為明顯，美國心理學家霍林沃斯稱之為「心埋性斷乳期」。還有人認為國二是整個中學階段「最危險」的階段，國二學生最難管理，被稱之為「國二現象」。

人們之所以特別關注國二的學生，與近年來國二學生身上反映出來的種種表現密切相關，如叛逆、盲目追求自由平等、易受外界影響、情緒情感偏激、易激動暴躁、情緒兩極波動、憑感情行事等特徵，但同時又具有可塑性大、主動嘗試、追求獨立等特點。從大量青少年犯罪案例分析來看，十四歲的孩子（相當於國二學生）是青少年犯罪的易發期，種種狀況也顯示，國二的學生是成長發展的轉捩點，也是教育的關鍵期。

另外，國中二年級是國中生活開始分化的時期，經過一年的學習生活，環境熟悉了，人也熟悉了，一些學生就不像國一那樣規矩了。如果學校及家庭加強關注國二學生的教育工作，就會使更多的學生迎頭趕上，與集體一起前進，因為絕大多數學生是勤奮學習與求上進的，但由於他們思想還不夠成熟，看問題往往比較片面幼稚。他們希望別人把他們看成「大人」，希望別人信任尊重他們，老師和家長應當針對這種思想，採取適當的教育，引導學生不斷進步。

小雲是個國二學生，十五歲的她性格內向，不太合群，在學校也沒什麼朋友。一天傍晚放學後，小雲和另外兩個女生留下來打掃，在擦玻璃的時候，一塊玻璃不小心掉下來摔碎了，按照規定，這是需要賠償的。小雲向老師解釋，可是老師說不能破壞規定，之前班裡一名男生踢球打破玻璃也賠償了。小雲很不服氣，她覺得自己弄壞玻璃跟之前那位同學的情況不一樣，畢竟自己是在打掃的過程中弄壞的，而不是玩鬧時弄壞的，可是，老師終究還是要求小雲按照學校的規定，照價賠償。

小雲回到家，正好媽媽也從市場回來。媽媽花了兩百元幫她買了一條褲子，小雲看著那條花色俗氣的褲子，心裡的火更大了，她衝著媽媽喊道：「你就會買這種廉價貨，還總是讓我穿出去丟人現眼，沒人看得起我，誰都欺負我。是啊，連我自己都看我自己不順眼，難怪老師同學都討厭我，我活著還有什麼意思！」媽媽見一向文靜的女兒竟然如此大吼大叫，一下子沒有反應過來，過了一會兒才說：「小孩子不要亂說話，什麼活不活，死不死的。你不喜歡這個，媽媽下回買你喜歡的品牌褲子總行了吧？」可是，小雲對媽媽的話置若罔聞，默默地走回自己的房間。

第二天來到學校，小雲把賠償玻璃的錢交給了老師，便什麼也沒說地走回教室。中午時分，小雲班裡的同學都喊肚子疼，之後，全部三十五個同學、兩個老師被送進了醫院，小雲也是其中一個。經過醫院的急救，所幸都沒有大礙。

後來警方介入調查，發現竟是有人在教室的飲水機裡放了瀉藥，幸虧量不大，否則後果不堪設想。經過進一步調查取證，警方找到了下藥者，沒想到竟是小雲。據小雲表示，她覺得自己受了委屈，可是老師並不聽她解釋，而且跟自己一起打掃的同學也沒有幫自己說話，所以，如果她必須為自己打破玻璃的行為付出代價，她也要其他人都為他們自己的行為付出代價。

事後，小雲的父母和老師都表示小雲的性格很倔強，由於家裡的經濟狀況不是很好，所以她一向都沉默寡言，但其實她的好勝心很強，不輕易屈服。在這件事情之前，曾經有位男同學嘲笑她的衣服廉價，她隨手就拿起鉛筆盒砸向那個同學，只是當時對方及時躲開，才沒有造成什麼嚴重的傷害。

由於家裡的經濟狀況不是很好，小雲是自卑的，這可以從她在學校的表現中看出來，她的沉默寡言是刻意的，她只是在壓抑衝動的情緒，所有的忍耐只是為了等待最後的爆發，這一點從她下藥以及對母親的怒吼中可以看出來。

強烈的自卑感背後是強烈的自尊，所以小雲才會在同學嘲笑她的時候做出攻擊行為。小雲的性格比較陰鬱悲觀，在她看來物質是很重要的，即便談不上貪慕虛榮，追求物質享受，但她仍舊是在意物質的，當物質需求都得不到滿足時，她首先選擇沉默與壓抑，但最終還是爆發了；再者，她覺得老師不公平，這令她的自尊需求受到了重創，所以她選擇了報復，以填補自己心裡的委屈。

小雲的性格特點屬於犯罪青少年的典型性格特點，他們犯罪的動機不穩定，往往隨著情緒的起伏而發展，在現實生活中，父母和老師應該對這樣的孩子給予正確的教育與引導，培養正當興趣，避免他們因性格扭曲又得不到紓解，以致做出不可挽回的事情來。

早熟的青春——性犯罪

在媒體尺度愈來愈開放的今天，「性」已然成為一大賣點；網路之間，聲色犬馬；有錢的「包二奶」，沒錢的「找小姐」；「及時行樂」被叫做「享受人生」，興趣被異化為「性趣」，「性福」即等於幸福……甚至很多都打著「性教育」的旗號大肆炒作。青少年在這樣的環境裡，耳濡的是「性解放」的「言教」，目染的是犬馬聲色的「身教」，很容易便被「潛移默化」了，顛倒了是非觀與價值觀。因此，青少年的「性教育」問題不容忽視，家長和老師們要進一步督促和監督孩子，教導其學會潔身自愛，千萬不能讓青春的花朵過早凋零。

幾宗公眾人物「豔照」事件，開放程度超過人們的想像，並且以驚人的速度在網路上瘋狂傳送。可是，誰也沒想到，在媒體的大規模報導下，涉案人員很多不但不受影響，反而是借此揚名立萬；更讓人匪夷所思的是，如今很多人竟然以這類不雅事件為榮，甚至拿出來作為炫耀的資本，讓我們更為擔憂的是，這類人中也不乏青少年。

十五歲的小玲是個國二學生，由於學校離家比較遠，所以小玲住校，一周才回家一次，加上段考即將舉行，小玲更是難得回家一次。媽媽很心疼小玲，三天五天就帶著好吃的去看她，可是前段時間由於家裡裝修，媽媽為了在家監工，去看小玲的次數明顯減少了。這天是星期五，媽媽帶著燉好的雞湯去學校找小玲，只見小玲臉色蒼白，氣色很不好。由於小玲之前患過急性腸胃炎，所以媽媽以為孩子又生病了，趕緊帶著她去醫院檢查，誰知檢查報告出來後，媽媽驚訝地差點暈倒，原來報告顯示小玲懷孕兩個月了。

媽媽很快恢復了冷靜，在細問之下得知女兒戀愛了，並且偷嘗了禁果。媽媽實在很難相信自己一向乖巧聽話的女兒會做出這樣的事情來，急忙追問緣由，是不是男方強迫女兒？誰知小玲竟說，學校裡這樣的事情很多，有些學生還為了保存自己的「第一次」，將偷嘗禁果的過程全程拍攝下來；接著，小玲還說，自己的男朋友並不是只有她一個女朋友，她們還曾多人在一起發生過關係。最後，小玲還對媽媽說，那樣的經歷很刺激，也很難忘，有機會還要嘗試。

聽到女兒這麼說，媽媽氣得簡直要暈了過去。整理好思緒後，媽媽雖然怒氣與傷心還憋在心裡，甚至不願意跟女兒說話，但她還是明智地報了案，因為她不想再有其他孩子像自己的女兒一樣做出類似的錯事來。

再看另外一個案例。十六歲的小凡國中畢業後沒再繼續上學，後來，家人安排她到親戚家的餐廳打工，由於一起打工的女孩子都比小凡大，小凡常常聽她們講述有關性的話題。小凡很好奇，便向她們詢問，那些女孩子也不害羞，就跟小凡分享自己的性經驗，看著她們引以為傲的樣子，小凡覺得自己好像真的很落伍，並下決心要改變這種狀況。接著，她在一次上網聊天時，答應了男網友的「一夜情」要求，並很快真的與男網友發生了性關係。後來，這名男網友將小凡介紹給其他網友，大家在一起開性愛派對，被接獲線報的警方以違反善良社會風俗移送法辦。

由於身邊一些較年長的女性朋友給小凡灌輸了錯誤的性觀念，導致小凡對「性」產生了好奇。好奇心是青少年普遍存在的一種心理，小凡在好奇心的作用下，與網友發生了「一夜情」，也因為好奇參加了聚眾淫亂的性愛派對。

事實上，像小凡這樣的孩子甚至連「一夜情」、「聚眾淫亂」是什麼，危害是怎樣等都不知道，他們的法律意識淡薄，對自我和違法概念認識不夠，並且他們也無法對自己的行為負責，更遑論保護自己。這時，社會、師長、父母，應該對他們進行正確的引導，不能讓他們在犯罪的道路上越走越遠。

第4章 網路，青少年犯罪的催化劑

網戀——甜蜜的背後常是不堪的真相

隨著網路的發展，「網戀」也應運而生，在許多人看來，網戀既虛幻又浪漫，似乎能給生活增添不少絢麗色彩，網戀者幻想能在網路上得到超越一切世俗的純真愛情，有此類心態的人往往很容易在網路上墜入愛河而不能自拔，但是，由於他們所擁有的戀情帶有很大的虛幻性，而這種虛幻的美麗之處又在於其神秘性，正如人們所說的「距離產生美感」，況且，此類戀情中戀人彼此間少了生活中的各種摩擦，少了許許多多應負的責任，少了有矛盾時面對面的尷尬，而多了不少隨意與自由。在網上，「戀人們」可以不受限制，盡情討好，現實生活中，愛情與婚姻通常是一種必然的聯繫，而在網上可以盡情去愛，卻不必負責，所以，具有超脫心理的浪漫型網戀者，便喜愛在網上互訴衷腸。他們用手指靈活地敲擊鍵盤，談人生、談理想、談工作、談愛好……唯獨不談現實中的愛，也許，他們覺得這種感覺才是最超脫、最浪漫的愛情體驗，因此深陷其中而樂此不疲。

當然，還有一些人只不過是想在網路上體驗一下交友甚至是好玩的感覺，他們既無心真誠地愛對方，也無意對自己的言行負任何責任，他們只想在網上瀟灑談一回戀愛，而從不將此事當真，因為他們心裡很清楚，所謂的「網戀」就是玩玩而已，根本就不可能成真。

也許現實生活中張口說出「我愛你」這三個字太難，但在網上可以向不知真實姓名和真實性別的「戀人」千百次地敲出「我愛你」，這種體驗既可過癮又有安全感，因為只要一關機，便可全身而退了。所以，現在有不少居心不良的人，利用「網戀」進行欺詐犯罪活動，騙財騙色，使不少缺乏社會經驗的網戀者深受其害，特別是青少年朋友。

青少年為什麼會對網戀情有獨鍾呢？主要有下列三點原因：

1.青少年的好奇心特別強，他們對新奇事物有一種本能的接近和探究的渴望，網路世界是一個全新的世界，同時又是一個虛擬的世界，這種透過敲擊鍵盤產生戀情的戀愛形式，具有很強的神秘性和吸引力，加上各種媒體對網戀或褒或貶的報導，更是激發了對愛情充滿憧憬與渴望的青少年投以好奇心和探究欲。

2.青少年正處在身體生長發育期，他們的身高、體重迅速增加，並出現第二性徵，這時，他們已進入性成熟期，他們的性意識迅猛覺醒，開始對異性產生好奇心和神秘感，有了接近異性、瞭解異性的願望和需要，甚至對異性產生愛慕，他們開始探索和嘗試相戀的奧秘和甜美。再加上現實生活中，對於青少年戀愛的各種禁令及家長的約束，使得他們對戀愛多了一些渴望，少了一些行動，而網路的虛擬性所提供隱蔽而安全的環境，為他們實現愛情幻想提供了良好的場所。

3.由於少子化現象，現在的青少年許多都是獨生子女，他們沒有兄弟姐妹的陪伴，隨著年齡的增長，他們與父母共同的語言越來越少，也難得與父母談心，而學校側重學業而非情感，這樣他們的內心便會感到孤獨、寂寞，上網聊天便成了他們解除寂寞和孤獨的途徑，如果網友是異性，日久便會生情，發展為網戀。

十七歲的小惠是個高二學生，她的性格非常內向，平時也沒什麼朋友，相對來說，高二的生活是比較輕鬆的，沒有高一剛入學的懵懂，也沒有高三面臨大考的壓力，和許多同年齡的人一樣，小惠也開始憧憬著來一場轟轟烈烈的戀愛，可是，在現實生活中，她連個談得來的女同學都沒有，更別說男同學了。這時的小惠，將上網視為得到心靈慰藉的唯一途徑，她覺得只有在網路的虛擬空間裡，自己才能獲得真正的友情和愛情。

某一天，小惠在家裡以「沉默格格」的網名進入聊天室，幾分鐘後，一個叫「多情貝勒」的網友引起了她的注意，對方的幽默和善解人意讓她心動不已，很快兩人便離開了聊天室，單線聊了起來，對方說自己也是一名高中生，不過才高一，可是由於八歲才入學，所以和小惠同齡。兩人真的是相識恨晚，接著就順理成章地開始發展網戀。

自此，小惠每次回家的第一件事就是看「男友」在不在線上，時間長了，成績也掉了下來，可是小惠不在乎，只要「男友」說幾句好說，她就覺得怎麼都是值得的。這個時候，父母察覺到了小惠的異常，當得知她在網戀，並且顧著網戀而把功課拋到腦後時，都覺得很生氣，於是將電腦鎖了起來。在家裡不能上網，小惠很著急，她覺得自己無緣無故失蹤，「男友」可能會生氣，以後也不會再理她了。所以，她趁著放學回家的空檔跑去網咖上網，想給「男友」留言，誰知對方也在線上，對方還說找不到她很著急，所以就蹺課出來上網等她。這時的小惠真的是太感動了，她覺得只有「男友」是真心對自己好，而父母完全不能體諒自己。這麼一想，小惠立即與「男友」約出來見面，並打算與其私奔。

沒過多久，兩人約好了在某網咖門前見面。當晚七點，精心打扮了一番的小惠前去赴約，在網咖前，三位帥氣的男生早已恭候多時，一陣寒暄後，小惠知道他們分別叫「小風」、「小雨」和「小雷」，並且小風就是自己的「男友」，四人彼此認識過後，就找了個餐廳一起去用餐。

吃過晚飯，小風叫了輛計程車將小惠送到一個小旅館，兩人親親密密一同住了進去。第二天，小惠醒來，發現小風不在身邊，而是在浴室裡講電話，就走了過去，沒想到正好聽見小風正在跟小雨、小雷報告昨夜發生的事情：「還不錯，真是個高中生，還是個處女，讓你們昨天一起來就不要，後悔了吧……我是誰啊……哪是情場浪子……騙子？我可沒騙她，我是高一啊，只不過我高一輟學了就沒再上學了，哈哈……怕什麼，玩玩罷了！」打完電話，小風轉過身看到小惠淚流滿面站在浴室前，只好笑笑說：「不好意思啊，你都聽見啦？沒什麼，大家玩玩嘛，你不會是玩不起吧？」看清「男友」的真實嘴臉，小惠再也受不了了，拿起一旁桌上的水果刀向其胸口刺去，措手不及的小風倒在了血泊中……

儘管害怕萬分，但小惠覺得殺死一個騙子是為社會除害，所以，清洗了一番便回家了。直到員警找到小惠時，她才忐忑地問道：「殺死騙子也犯法嗎？」

上述案例中的犯罪嫌疑人小惠顯然就是因為網戀而被騙的受害者，在身心雙重受傷的情況下，她控制不住自己的憤怒，所以傷害了騙她的人。事實上，她犯罪之前並沒有明顯的犯罪動機，有的話只是上當受騙後的憤怒與報復，這個在她看來是「為社會除害」的行為，讓年輕的小惠，一生必須為自己所做的事情付出高昂的代價。

「網戀」雖然不都是不幸的，也有很幸福的結局，但重點是青少年朋友涉世未深，容易被網路騙徒所害，因此，青少年朋友對於網戀更應謹慎，甚至應該敬而遠之，以免受害。

為錢鑄下大錯

隨著資訊科技的日益普及，越來越多人的工作和生活離不開電腦，而這些科技工具若用在正途，能為我們提供更多的效率和便利，但青少年因為涉世未深，對許多事物理解不夠全面，常常將資訊科技誤用，以致走上了犯罪之路。

就讀國二的阿正，某日在網上看到一則訊息：銀行存款干擾器，可任意增加自己的存款一次，價格三千元。

看到這個資訊，阿正心想價錢也不高，不如買一個來試試。不久，他與發佈資訊的「錢盜」取得了聯繫。「錢盜」自稱前不久剛從某科研機構離職，這個干擾器是一高科技產品，使用時只要將銀行存款干擾器插到電腦上，然後進入銀行的官方網站，就能自由更改銀行帳戶裡的金額，但每個干擾器只能更改一次，網頁上並有許多買家都說「讚」。

經過幾番網路對談後，阿正逐漸被「錢盜」唬住了，兩人約定在市區一家網咖門口見面，以便當場試用產品。

阿正迫不及待前往約定好的網咖，沒想到途中對方打電話要他去另一家網咖交易，由於兩家網咖相距不遠，阿正沒說什麼就同意了。當阿正走到兩家網咖中間的一條巷子時，前方突然跳出來四名男子，對方要他交出身上所有的財物。被眼前景象嚇傻了的阿正見對方手上都有刀，便不再反抗，順從地交出身上的三千元。這時，其中一名男子要求阿正交出手機來，阿正認出對方是剛剛跟自己通過電話的「錢盜」，「錢盜」也不掩飾，說：「沒錯，就是我，誰叫你財迷心竅，你也不是什麼好人，你要是敢報警，我們也不怕，反正你是想買銀行存款干擾器來盜取銀行的錢，這本身就是犯法！」

原本，阿正以為他們搶完就沒事了，沒想到對方還繼續進行威脅和恐嚇，甚至逼迫他打電話回家，要家人再匯一筆錢過來，過程中，阿正的父母機警地報了警。折騰了很久，幾名綁匪將阿正帶到一處空屋內，由「錢盜」去銀行領贖金，這時，一夥人被埋伏的警方當場逮捕。

面對當今網路虛擬環境對青少年健康成長的挑戰，可以從以下幾點加強預防：

1. **加強對青少年的網路教育**。積極發展有益青少年身心的網站及活動，使青少年樹立正確的人生觀和價值觀，並進而自覺抵制有害資訊和不良訊息的影響。

2.加強網路法制教育。引導青少年遵紀守法，遵守網路道德，規範上網行為，遠離違法犯罪，並加大懲治網路犯罪的力度，對於利用網路教唆青少年犯罪要從重打擊，而對於違法犯罪的青少年則要加強教育與輔導。

3.對於部分不適合青少年的遊戲軟體要加強分級和把關，以淨化網路空間。而這需要業者拿出良心及道德，有關政府部門也要各司其職，各負其責，依法取締不良網咖及網路遊戲軟體，避免青少年受不良影響。

為好奇心埋單

好奇是人的天性，尤其是青少年，而電腦及網路則為青少年提供了滿足好奇心的理想空間。一些青少年在好奇心的誘導下，破解密碼或輸入電腦病毒，而且，愈是困難和不允許一般民眾進入的網站，他們愈是想方設法進入；愈是現實生活中被嚴格禁止的事情，他們愈是希望在網路上能夠嘗試一下；同時，色情、暴力等在現實生活中被明令禁止的事情，在網上受到過度的討論和探究，也深深影響著他們的心理和行為。

十七歲的小鍾對於網路資訊及技術相當熟稔，某日，他入侵了某政府機關網站，但他並沒有破壞什麼，還「很好心」地提醒該網站的管理者：「該網站已經被駭客入侵，不過我已經將駭客的密碼刪除了，你無須驚慌，只要儘快修復一下即可。」可是，該網站沒有因為他的「好心」而感謝他，而是直接報了警。

警方根據ＩＰ位址很快找到了小鍾，小鍾對自己做過的事情供認不諱，不過他一再強調說：「我不是什麼電腦駭客，我沒有什麼企圖，事實上我真的沒有破壞什麼，這些你們都是可以去查的。我只是在上網流覽網頁的時候無意間發現該網站管理存在巨大的漏洞，而且已經有駭客潛入進去，並留下了密碼。我只是對駭客感到好奇，就破譯了其密碼，並且刪除了。這樣看來，我是幫助了該網站。何況，我臨走的時候，還留了言，提醒他們修復以防止再有駭客入侵，這樣也算犯法嗎？」

法院最後對該案作出一審宣判，小鍾以「妨害電腦使用罪」被判處拘役三個月。聽完宣判，小鍾懊惱地說：「真是好奇心害慘了我。」

本案中犯罪人犯罪的主要動機是強烈的好奇心，在好奇心的驅使下，擅自進入政府機關網站，又因為好奇心所以破譯了駭客的密碼，這些都是青少年很容易做出的事，雖然他們的出發點並非惡意，可是他們忽略了一點，這些行為很可能是會觸法的，而法律也不會因為你的好奇心就從輕發落。所以，天才網路少年往往因為自己的好奇心而必須付出慘痛的代價。

第三篇
變態心理與犯罪

第1章 當人心「出軌」之後

變態心理與常態心理

許多心理學家主要從社會適應的角度提出了判斷心理是否正常的辨識法，例如馬斯洛等提出了以下十項標準：

1. 有充分的適應能力。
2. 充分瞭解自己，並能對自己的能力作適當的預估。
3. 生活目標能切合實際。
4. 與現實環境保持接觸。
5. 能保持人格的完整和諧。
6. 有從經驗中學習的能力。

7.能保持良好的人際關係。

8.適度的情緒發洩與控制。

9.在不違背集體意志的前提下，有限度地發揮個性。

10.在不違背社會規範的情況下，個人基本需要能適當滿足。

上述十項說明了心理正常的情形，但是正常人群中這些方面也並不完全一樣，其變化幅度是很大的。因此，判斷一個人心理是否異常，只能透過比較的方法，首先是與社會認可的行為常態比較，看其行為能否為常人所理解，有無明顯離奇的行為。例如，一個人突然當眾脫衣赤身裸體，其行為不符合自己的年齡、身份和地位，不能為社會上的人們所接受，對本人和社會有害，那麼，這個人就可能有心理障礙存在。

其次，還要與一個人以往一貫的心理狀態和行為模式相比較，看其心理過程或心理特徵是否發生了顯著的改變，即與其常態有無明顯不同。如一個一貫精明能幹、積極工作的人，近來變得生活懶散、孤獨少語，使人覺得前後判若兩人，則要認真考慮此人有無精神疾病的問題。

經過認真比較，發現行為改變極其明顯，那麼，作出心理變態的判斷是不難的，但如果心理變態程度較輕，發現行為改變極不明顯，則判斷比較困難；而且，判斷時還必須考慮到社會適應標準受不同地區、時代、社會習俗及文化的影響，因此，心理正常與異常是相對而言的。

小瑞是個大學剛畢業的年輕人，照常理說他的前途是一片光明的，可是他卻因為毆打女友被警方拘留了。這到底是怎麼回事呢？

自成年以來，小瑞交往了四、五個女友，每個都不歡而散。畢業前，小瑞又認識了新女朋友，對方還是個大二學生，兩人男才女貌，十分登對，可是，交往一段時間後，女友對小瑞很有意見，因為小瑞總要她在約會時穿黑色絲襪，即便女友是穿著牛仔長褲也要如此。為此，兩人曾多次爭吵。

一次，女友生日，小瑞在餐廳訂好了桌位，就買了一束鮮花到女友學校門口去等女友，好不容易女友出來了，遠遠的，小瑞看見女友穿著一身白的連衣裙，可是卻沒有穿黑絲襪，小瑞很不高興，要女友回去換，女友不同意，兩人便吵了起來。見女友心意堅定，小瑞心中的火氣越來越大，最後竟向女友揮拳過去，緊接著便是拳腳相加，幸好被周圍的人制止了，事後女友到醫院驗傷，並決定對小瑞提告。

在警方的訊問中，小瑞說：「我沒有動手打她的意思，只是我希望她穿黑絲襪，可是她總是拒絕穿，我忍了很久，但還是忍不住動了手。」小瑞還提到，之前的幾任女友都是因為黑絲襪的問題而分手的。

小瑞這種對黑絲襪超於常人的偏好其實就屬於變態心理的一種，他在其他方面的心理行為是正常的，所以我們基本可以判定小瑞具有變態的心理傾向。

儘管心理障礙是一種疾病，但長久以來，心理變態的人常被人們排斥或鄙視，甚至視其為惡魔的化身。那麼，變態是不是所謂的惡魔附體呢？當然不是，變態只是代表不正常，變態心理是相對於常態心理而言的。常態心理指的是在適應周圍環境方面具有被大多數人所理解和認同應有的反應，而變態心理則相反，指的是絕大多數人沒有的非常態心理現象。

變態心理主要有人格障礙、精神病、性變態，例如，有的人屬於感知變態，發病時他可能會將一隻兇猛的老虎看成是溫順的小貓，也可能會因為聽到悠揚的音樂而感覺煩躁不安，甚至覺得身上有上萬隻蟲蟻在咬他，但多數時候他的心理表現都很正常。所以說，變態心理並不等於心理全異常，很多具有變態心理的人，智力和多數心理活動都很正常，只不過在某一事件上或者方式上不同於常人。

造成心理變態很多情況是後天的環境影響導致的，比如家庭環境，冷漠、不負責任的撫養方式也會造成孩子的心理障礙，在沒有溫情的家庭裡成長，孩子的心理感受是孤獨的、冷漠的，國外就曾有過這樣一個案例：有一個在孤獨中成長的孩子，覺得沒有人看得起自己，他就會拿家裡的布娃娃去砍，以此來表示他的勇敢。當他長大以後，看到和布娃娃一樣的金髮女郎，就會激起他幼年的衝動，用殺人的過程來滿足自己的英雄氣概。

而除了後天的一些環境因素以外，變態心理也可能是先天遺傳的，又或者是個人的心理因素，比如情緒、心理衝突等，且絕大多數的專業人士都認為變態心理不是單獨因素導致的，而是多種因素相互作用產生的。所以，在日常生活中，我們應該對自己的心理多加養護，如果出現問題，就一定要向專業的機構或人士求助，以免變態心理加重而做出不可挽回的事情來。

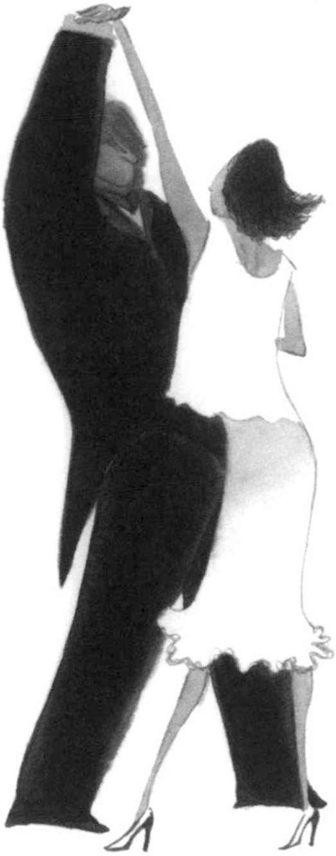

第2章 社會的不定時炸彈

人格障礙與犯罪

根據社會心理學家的定義，反社會人格障礙的表現特徵包括以下各項：

1. 一般外表不錯，具備中等或中等以上智力水準。
2. 沒有精神病症狀和其他異常表現，沒有幻覺、妄想和其他思維障礙。
3. 沒有神經性焦慮，且對一般人心神不寧的情緒感覺不敏感。
4. 為人不可靠，沒有誠信和忠誠可言。
5. 對任何事情都沒有責任心，也毫無羞恥心。
6. 有反社會行為，說話態度隨便，即使謊言被識破也能鎮定自若、毫不慌張。
7. 判斷能力不強。

8.極度的自我，自私自利，對問題麻木不仁，態度也很冷漠。

9.缺乏真正的洞察力，不能自知問題的性質。

10.對一般的人際關係無反應，對他人給予的關心和善意無動於衷。

11.沒有真正企圖自殺的歷史。

12.性生活輕浮、隨便。

13.生活無計畫，不規律，也沒有什麼目標。

而特別需要注意的是，反社會人格特徵一般在青年早期就已經出現了，最晚也不會超過二十五歲。

此外，另有偏執型人格，又叫妄想型人格，指以極其頑固堅持己見為典型特徵的一類變態人格，表現為對自己的過分關心，自我評價過高，常把挫折的原因歸咎於他人或推諉塞責。偏執型人格其行為特點常常表現為：感覺極度敏銳，對侮辱和傷害耿耿於懷；思想行為固執死板，敏感多疑、心胸狹隘；愛嫉妒，對別人獲得成就或榮譽感到緊張不安，妒火中燒，不是尋釁爭吵，就是在背後說風涼話，或公開抱怨和指責別人。他們自以為是，自命不凡，對自己的能力估計過高，慣於把失敗和責任歸咎於他人，在工作和課業表現上往往言過其實，同時又很自卑，總是過多過高地要求別人，但從來不輕易信任別人的動機和願望，認為別人存心不良；不能正確、客觀地分析形勢，有問題易從個人感情出發，主觀片面性大；如果建立家庭，常懷疑自己的配偶不忠等等。這種人格的人在家不能和睦，在外不能與朋友、同事相處融洽，別人只好對他敬而遠之。

小黑從小就非常喜歡看偵探、暗殺的片子，他非常崇拜劇中的殺手主角，想像殺人一定會很酷，也夢想長大後能親身體驗殺人的快感，而這個夢想多年來一直在他心中縈繞。

出社會後，小黑工作總是與人起衝突，三天兩頭換工作，且總認為是別人對不起他，為了紓解心中的怨氣，他開始籌畫殺手事宜，還詳細制訂了「殺人計畫」。第一次，他找到一位中輟生，以資助玩樂費用為由，把中輟生騙到家裡，殘忍地將其殺害。

初次殺人成功後，小黑心裡感到一種前所未有的滿足，他覺得自己實現了多年來的殺手夢想，但也因為第一次殺人，小黑心裡產生了恐懼，所以在以後的一年裡他沒有再犯案。隨著時間流逝，小黑心中的恐懼慢慢褪去，這時，他殺人的欲望又起，他覺得自己第一次殺人過於匆忙了，所以有一些步驟不是做得很「完美」，所以，他打算執行第二次殺人計畫。

很快，小黑化名「小珊」在網路上結識阿彬，並很快獲得對方的好感，接著，小黑以「小珊」之名邀請阿彬到住家碰面，對方信以為真，便依約前來，而小黑就用殺死第一個人的方法也將其殺害了。

案發之後，引起警方高度關注，並循線將小黑逮捕，而在小黑的住處，警方搜到一本記事本，裡面滿滿記載著小黑完整的殺人計畫及犯案實錄。

尋求娛樂滿足是人類的天性，但在殺人中尋求娛樂滿足則是人性的扭曲。小黑之所以連續殺人，是因為他完全把殺人作為一種遊戲來對待，並且樂在其中，而小黑這種變態殺人心理源自他的人格障礙。

他從小就崇拜電視、電影中的殺手，並且嚮往殺手的冷酷心腸與殘忍做法，由此他產生了很多的作案幻想，這屬於典型的犯罪暗示與犯罪模仿的積累。另外，在實現殺手夢想時，他不斷突破自我的道德約束，不僅不將殺人視為罪大惡極的事情，反而當做是一種自我實現的挑戰，甚至力求「完美」地實現，並從中獲取所謂的快感，這使他完全失去了良知和法律束縛，有的僅僅是僥倖心理和殺人的變態快感。

犯罪暗示、犯罪模仿、僥倖心理等多種因素的累積，最終突破了小黑殺人的心理防線，這一切都說明他的人格開始解體，並逐漸變成一個徹頭徹尾的反社會型人格障礙者。而他所選擇的受害人完全是隨機尋找的，這些人與他素不相識，也毫無恩怨，這種隨意殺人的行為，也是反社會型人格障礙者的突出特徵。

性變態與犯罪

李林（化名）是很多人眼裡的另類怪咖，身為男兒身的他，偏偏喜歡穿女裝，在他看來男裝都太難看了，只會醜化他的形象，只有穿上女裝他才會自信一些。李林表示，他不知道自己是怎麼會有變裝癖的，當他意識到這件事情時，已經深陷其中不可自拔了。

他回憶，在上幼稚園的時候，他第一次穿女生的泳衣，那次，是因為爸媽要帶他去海邊玩，媽媽臨時找不到他的泳褲，所以就拿姐姐的泳衣給他套上，回家之後他還捨不得脫下，直到被姐姐發現，才捨不得地還給了她。

小學時，他開始對女裝有好感，覺得男生的衣服很難看，那時，媽媽覺得他還小不懂事，在家裡就由著他穿姐姐的衣服。

上國中後，有一次，他放學回家見家裡沒人，就拿起姐姐晾在陽台的裙子穿上，緊接著是媽媽的涼鞋和絲襪……總之，能穿的他都穿了一遍，從那以後他對女裝的愛好就一發不可收拾了。

當家人發現了他另類的癖好後都很不能諒解，他只好向家人保證不再在家裡穿女裝了。之後，為了穿女裝他搬出了家，自己在外面租房子住，這時，他盡情地買了很多女性的衣物，內衣、裙襪、高跟鞋……應有盡有，也常常穿著女裝出去逛街。

關於變裝癖形成的原因有很多的探討與研究，但總體來說，主要有以下幾種：

1. **生理因素：**患者因自身先天生理缺陷或後天機能障礙，導致嘗試扮演異性角色；或者偶然受到異性服飾視覺或觸覺刺激，而選擇穿異性服飾，以獲得生理上的快感。

2. **心理因素：**有的患者對兩性關係有一種懼怕和憂患的心理，不穿異性服裝就會產生性功能障礙，穿了則沒有，而有的患者因為感到自身責任壓力難以承受，借異裝來逃避現實。

3. **性向教育引導不當：**有一些父母總覺得女孩子比較溫順和聽話，所以在日常生活中教育孩子時，總愛把男孩當女孩來對待，甚至拿女孩做榜樣進行教育；或者相反，把女孩當男孩來教育，使孩子在兒童和青少年時期缺乏正常的社會交往與心理認知，養成異性化的氣質性格。

4.家庭環境的影響：患者在幼年時本身性別受到環境的影響，如父母本來想要個女孩，卻偏偏生了個男孩，或者相反，為了填補心理上的缺憾，便把孩子打扮成異性，並給予更多更大的關注。

5.生活中受到刺激或傷害：有些患者由於曾經遭受過性侵害，或者是受到過婚戀失敗的重挫，因此對異性產生反感，轉而成為變裝癖。

上述案例中的李林就屬於變裝癖患者，變裝癖屬於性變態者的一種，這種性變態患者大多數為男性，女性雖少見，但也存在。總結來說，變裝癖既然屬於癮症的一種，患者還是應該積極尋求心理輔導與治療，才能早日回歸正常的生活狀態。

另外，性變態者也經常是戀物癖犯罪的參與者，而戀物癖患者的特點為：

第一，戀物癖者把某種物體作為性愛對象的替代物或象徵物，他們只能在所戀物體的幫助或存在情況下才能獲得性滿足。如患者看到晾曬在外面的女性內衣內褲，心中會突然產生一種衝動，偷竊後以撫摸、觀看達到性滿足。

第二，戀物癖患者一般在兒童或青少年時期就已顯示出明顯的戀物跡象，這一點在犯罪者身上也得到了實證。

第三，戀物癖患者中多有神經脆弱的表現，一般難以對自己的性欲進行控制，而且存有若干幼稚的性幻想，常無端地想入非非，自尋苦惱。

第四，戀物癖患者為了收集獲得所戀之物，常常涉及偷竊等犯罪行為。

二十三歲的阿國因潛入女生宿舍偷竊女性貼身用品被逮捕了，後來，警方在他家發現他竊藏了一衣櫥的女性胸罩、內褲等物品，數量達上千件。

阿國自幼膽小畏縮、執拗、內向，在他九歲時，父母因為個性不合離婚了，他和姐姐都交由父親監管，但父親並未盡責地照顧他們，因此，阿國十分憎恨父親，他覺得是父親毀了他的人生。

十二歲那年，一次偶然機會，阿國看到姐姐洗澡之後僅穿著內衣躺在床上，正值青春期的他，頓時產生了強烈的好奇心和性衝動，此後他常會想起此情景，並伴有手淫。

高一時，阿國戀愛了，他和女友的感情很好，可是，女方家長不同意他們在一起，還把她送到國外讀書，阿國為此心情苦悶，時常拿出女友的衣物撫摸，同時手淫。

某一天，他經過一處女生宿舍，看到晾在外面的女性貼身衣物，心中突然產生一種衝動，迅速上前偷取兩條女用內褲，當下有一種緊張而又滿足的感覺。從此，每當他經過這個地方時，就不由自主地尋找曬著的女性貼身衣物，一旦看見就心跳加快，拿到後心滿意足，要是沒有拿到手就非常焦慮，緊張不安，不可克制地到處搜索，像被磁鐵吸住一樣。

他自知行為不正，也曾下定決心痛改前非，寫過許多自我警告的誓言，但每當欲念發作時，又身不由己，不能克制，事後又往往陷入悔恨、自責的深深痛苦中。

對於阿國的這種情形，精神科醫師指出，這種性格缺陷造成的行為偏差，跟父母教育、環境影響和人格本質都有關聯，而可能引發這種性倒錯、性偏差行為的物品，包括女性內褲、胸罩，或者女鞋、女裝等，而會有這種行為的患者通常很膽小，多半只是造成婦女的困擾，並不會有性侵害等人身攻擊行為發生，但儘管如此，這仍是一種病症，只要確診病情，透過藥物及心理雙管治療仍有治癒的機會。

偷窺狂與犯罪

偷窺狂學名是「窺淫癖」，指至少六個月以上，反覆藉由偷窺他人裸體或性行為，引起性興奮與自慰舉動（但他們通常不想和對方發生實際性行為）。其實，偷窺是一種本能，但若出現在不適當場合，無法控制衝動，導致人際衝突、法律糾紛，那就算到達病態的程度，必須積極治療。

偷窺狂幾乎都是男性，半數患者在十八歲前就開始出現症狀，最嚴重時期是在十五到二十五歲之間，之後頻率會逐漸下降。患者的窺視過程有著相當複雜的心理，包括對禁忌的好奇感、進行冒險的刺激感、性興奮的愉悅感、害怕被發現的焦慮感、自我責備的罪惡感等，混雜為強烈的緊張感。患者透過自慰，將此飽漲的緊張感傾洩，頓時達到完全放鬆，並產生巨大的性快感。

偷窺狂的形成，一般認為有以下幾種成因：

1. 患者成長過程中有實際觀看父母或他人裸體、性活動的機會，一開始可能只有模糊的性興奮，但之後開始用手淫的方式強化性快感，日後可能無法經由正常性活動，而必須透過窺視，才能取得性滿足。

2. 患者在青春期前後，因觀看情色圖片或影片，引發性興奮，而這種窺視異性裸體或性行為的行為，若與性快感過度聯結，就可能變成偷窺狂。

3.患者可能有智能不足、自卑感、社交畏懼或是性心理障礙，無法藉由一般社交管道來解決性需求，只能藉由窺視來取得替代的性滿足。

4.患者可能有過心理創傷，包括父母羞辱、在女性面前的性挫敗，因此藉由主動的窺視來彌補脆弱的感受，同時，這也是對女性的憤怒與攻擊。

事實上，偷窺狂透過治療是可以得到矯正的，一般來說，主要是採用各種心理和行為治療，其中包括心理疏導、認識療法及厭惡療法等，某些藥物治療也可配合。

一個初夏的夜晚，夜已經很深了，原本熱鬧的海灘也恢復了平靜，只見有一個年輕男子還在那裡徘徊，他似乎有些遲疑，又好像在掙扎些什麼，終於，猶豫了很久之後，他還是下定了決心，只見他迅速在一個礁石下躲了起來，然後從礁石的縫隙窺視不遠處的一對情侶，那對情侶顯然沒有覺察到他們的一舉一動正被一個神秘男子盯著，他們在夜幕下盡情接吻、擁抱，而礁石下的男子則隨著他們的親密舉動激動得全身顫抖。

他這樣偷窺已經不是第一次了，他今年二十八歲，是個小學教師，性格溫和、內向，在學校的表現都很正常。平日裡，他對工作認真負責，為人也謙和有禮，同事和學生都十分喜歡他，不過，他的家庭生活不是很幸福，兩年前他結了婚，但由於婚後的夫妻生活不和諧，所以不到一年兩人就協議分居了，並且這段時間正在商議離婚的事。他說：「我從來沒有從夫妻的性生活中得到過快感和滿足，那樣的性愛對我來說顯得索然無味，我只能從偷窺別人親密行為得到性滿足。」

若要推究起因，就要回溯他小時候。差不多十歲左右吧，由於家裡房子很小，他還是跟父母一起睡，有一天晚上，他偶然在半夜醒了，竟然看到在身旁的父母做愛的情景，他當時感到非常的驚訝，不過強烈的好奇心很快襲了上來，他不敢聲張，偷偷地眯著眼睛看完了整個過程。在以後的日子裡，他晚上都會先裝睡，然後再偷偷看父母做愛，慢慢地，自己也有了一種特殊的興奮和快感。

後來，他長大一點了，開始意識到這是一件不好的事情，所以儘量約束自己不再去想這件事。有那麼一段時間，他真的好像完全戒掉這種嗜好，可是十八歲那年的夏天，他由於考試成績不佳心情很不好，所以吃過晚飯後就到住家附近的海灘獨自徘徊，走著走著，突然間被一種奇怪的聲音吸引，他很快發現那是由前方那塊巨大礁石後面傳出來的，他慢慢地走了過去，然後看到一對情侶在那裡擁抱、親吻，他悄悄地躲在那裡偷看，並因此產生了一種奇異的性快感。從此，他就不可自拔地迷戀上窺視他人親密的行為，那種欲望非常強烈，總是控制不住自己，一次又一次的深陷其中……

案例裡的主角就是一個偷窺狂患者，這是一種並不少見的心理變態，其特點是尋機窺視異性下身裸體或他人性行為，並從中獲得性滿足。這種患者為了獲得窺視的機會，常常不擇手段，無視法律，以求得逞，如躲在異性浴室或廁所等地，窺視異性裸體，但對所窺異性並無直接的性需求。

偷窺狂一般都較內向，平時多與人保持良好的關係，社會適應能力良好。所以，一旦發生性異常行為，周圍的人通常感到十分驚奇，認為不可思議。在故事中的主角身上，偷窺狂患者的幾種特徵他都存在，所以，性變態情況已經非常嚴重，應該及時就醫。

而從這個案例中我們也應該得到一些啟示：父母對子女的健康成長要進行正確的教育和示範，隨時關注子女身心的健全發展，以免孩子因一時的行為偏差，導致終身難以彌補的缺憾。

施虐狂與犯罪

施虐狂患者通常是以在異性或在配偶身上造成痛苦與屈辱，來滿足性欲的一種性變態心理，多見於男性。性虐待症就屬於施虐狂的一種，而性虐待症統指與施虐、受虐相關的意識與行為。

一些夫妻在正常的性生活時都有輕微的受虐和施虐的表現，如在高潮時出現打罵、掐、咬等舉動，或使用「情趣用品」以提高性快感。一般來講，這種行為如果沒有過重的傷害，自身可以接受而且不是以此喚起性興奮的，是不屬於性虐待症的範圍，因為性虐待症患者進行的是會傷害對方的身體或心理，使其產生痛苦而獲得性滿足的行為，患者不關注性交的過程，在乎的是性興奮前施加的刺激。

施虐症病人的施虐行為可輕可重，一般是咬、掐或惡言辱罵，稍重的可能把性對象捆綁起來，辱罵、鞭打等，但也有理論認為故意在公共場所偷偷地割破或污損婦女的衣服、剪斷女性的頭髮等以喚起性興奮的行為，也屬於施虐；另有的施虐症病人會做出嚴重的傷害行為，甚至成為謀殺犯。

有一個二十幾歲的年輕人，不知道什麼原因，從十一、二歲開始，心裡即萌生了想殺女孩的念頭，他並不是由於恨她們，卻似乎有一種朦朧的、自己也無法表達的感情在操縱著自己。

剛開始的時候，這種念頭時隱時現，並沒有影響到他的學業和生活。可是，上了國中以後，想殺女孩的念頭變得越來越強烈，他知道有這樣的想法是不對的，也明白自己已經變得越來越不正常，可是他難以擺脫，所以非常地苦惱和焦慮，常常因此而失眠。

進入高中後不久，這種念頭強烈到嚴重干擾他的課業和生活，沒有辦法，他只能退學了。退學後，無所事事的他曾多次在黃昏時外出，在僻靜處跟蹤女孩子。他總是可以讓對方發現自己在跟蹤她，每當發現女孩子嚇得驚慌失措的神態，他心中就有一種滿足感和快感。後來，沒多久，他去服兵役了，部隊的訓練讓他的生活變得很緊張，也很充實，這時，上述那種念頭稍稍淡化了。

服完兵役，他回到家，又一段時間賦閒在家，使得曾有的那種惡念又出現了，有一種難以阻擋的衝動驅使他跟蹤、恐嚇單身女性。

一天晚上，他跟蹤一個十九歲的女孩子走了四條街，最後在一個小巷子裡將這個女孩子殺死了。看到女孩死了，不再掙扎，他心裡非但不害怕，還反而有一種從未有過的解脫感和快感。

以上介紹了施虐症的一些表現，那麼，受虐症又是怎樣的呢？和施虐症一樣，受虐症也多見於男性，只不過受虐症的表現與施虐症相反，是指透過受到異性施予的痛苦與屈辱來獲得性滿足的一種性變態心理。

施虐、受虐心理到底是怎麼形成的呢？心理專家們普遍認為，最主要原因是與患者童年的生活經驗有關，通常是家庭教育環境中的某些因素，使兒童從小形成對性關係的錯誤認知與反應。

有個男性施虐狂在六歲時無意間窺見父母在臥室裡的性生活，父母的翻滾、掙扎、撕扯和氣喘吁吁使他大惑不解，年紀大些的夥伴告訴他：你別看他們很痛苦，那可是人生最快樂的事。

進入青春期後，他從小說、電視節目中看到一些男女邊廝打邊做愛的描寫，更喚起了他童年的記憶，這種認知與態度定勢，終於讓他發展成為施虐狂。

其次，也有可能是出於對權威的反抗和對挫折的自我防衛。有的人在個人生活經歷中受到過他人的欺凌打擊，尤其是遭受過異性的拒絕、侮辱，因而形成強烈的報復與反抗心理，借在異性身上施虐而顯示自己的力量與征服，從中獲得快感。

再者，就是出於對過度自卑感的補償。有些人對自己的個人能力、生理素質、社會地位等方面的缺陷深感不安與自卑，因而對異性施加傷害，以發洩被壓抑的性本能和心理緊張，在控制和傷害異性的過程中，自己的優越感似乎能夠得到顯現與證明。

由於施虐狂和受虐狂的變態行為常造成傷害，所以常常觸犯社會道德和法律，某些施虐狂甚至會發展成為施虐殺人狂。所以加強法制教育，使這些人明確瞭解自己行為的法律後果是必要的，同時也有助於暫時抑制與虐待相關聯的性衝動，但比抑制犯罪更重要的是，社會應更重視兒童的心理教育和家庭環境影響，家裡成人在幼兒面前言行舉止要注意，防止孩子自幼形成錯誤的性觀念和性欲倒錯，才能及早抑制不良人格的萌芽與生成。

精神疾病與犯罪

■精神分裂症

包含精神分裂症、感知障礙、憂鬱等，均屬於精神疾病的範圍，而精神分裂症患者的症狀主要有以下四類：

1. **聯想障礙**：精神分裂特徵初期表現為思維鬆弛（思維散漫）、破裂性思維、邏輯倒錯性思維、思維中斷、思維湧現（強制性思維）或思維內容貧乏及病理性象徵性思維。
2. **情感障礙**：情感淡漠、遲鈍、情感不協調及情感倒錯或無來由地笑。
3. **意志活動減退**：少動、孤僻、被動、退縮；社會適應能力差與社會功能下降；行為離奇，內向性；意向倒錯等。
4. **妄想**：這是精神分裂的明顯特徵，特點多為言行不系統、空泛、荒謬離奇；

幻覺，以言語性幻聽較多見；妄想的主要障礙為缺乏對人之基本信賴，經常以「否定作用」、「外射作用」來處理其心理困難，而導致系統化之妄想構造。

而精神疾病患者的犯罪成因主要有以下兩點：

第一，缺乏自制力。情緒不穩定，易於興奮激動而產生激情發作和衝動行為，常導致傷害他人、毀壞財物等犯罪行為。

第二，認識判斷能力差。精神疾病患者由於精神異常，智力受到嚴重影響，對事物缺乏辨別能力，又沒有自知之明，對自己行為和精神狀況無法辨認，容易不顧社會規範和法律的約束而做出危害社會的犯罪行為。

■感知障礙

幻覺是感知障礙的一種，所謂的感知障礙是指感覺和知覺發生異常變化或明顯失常。除了幻覺以外，錯覺屬於另一種感知障礙，當然，正常人出現錯覺也是有的，不過這屬於生理性錯覺，而精神病患者的錯覺則屬於病理性錯覺，多出現意識障礙而難以糾正，其中以視錯覺最為典型。

常見的錯覺多為危險性的、離奇的，如把晾曬的衣服看成吊死人，將醫生視為「鬼怪」，由於錯覺的存在，精神病患者常對視錯覺物件產生攻擊行為，例如曾有一女精神病患者，把其丈夫人頭視為「西瓜」砍過去。由於精神疾病患者的錯覺是病理性的，所以只有疾病消除，才能糾正其倒錯行為。

另外，感知發生異常變化或明顯失常時，統稱為感知障礙。正常人由於上述的生理心理原因可能出現各種感知障礙，甚至出現明顯的感知錯誤，但一般說來，感覺障礙減退、消失或感覺過敏，常是一些疾病的症狀，尤以神經系統疾病為多見。

知覺障礙主要為錯覺、幻覺和知覺綜合障礙，是常見的心理現象，這類知覺障礙對個體的情緒和行為有很大的影響，會引起驚恐、拒食、自殺或傷人等情形，其形成原因除了某些心理異常外，常見於感染中毒性精神病、癲癇和精神分裂症等疾病。

■妄想

妄想有很多種類型，下面依其特性及犯罪傾向作區分說明：

1. **被害妄想**：患者毫無客觀依據地懷疑他人以各種手段加害於自己或自己的親屬，或者認為他人將要直接殘害自己的軀體，以致出現兇殺、傷害、縱火、毀物等衝動行為。

2. **關係妄想**：患者堅信周圍無關緊要的事物都與自己有著密切的利害關係，把別人的談話、咳嗽、報紙新聞、廣播電視節目等都認為是針對自己，從而情緒激動，產生衝動性傷害行為。

3. **嫉妒妄想**：患者毫無根據地認為自己的配偶另有新歡，因而終日糾纏不休、追查盤問，長期跟蹤監視，甚至把配偶殺掉。

4. **影響妄想**：患者認為自己的身體或精神活動受到外界某種力量的控制，如受某種力量、資訊或某種儀器的控制，因而感到極端痛苦，易導致毀物傷人。

5. **罪惡妄想**：患者無端認為自己犯有不可饒恕的罪惡，以致連累家庭、危害國家，應受懲罰，易發生「擴大性殘殺」案件。

6. 鍾情妄想：患者自認為某異性愛上自己，對方舉止言行都是在表達對自己的愛意，因而尋機獻殷勤、寫情書，即使對方表明無此心，也堅信對方說假話，是在考驗自己。若發現對方另有所愛，則因「失戀」而行兇殺人、傷害或強姦猥褻。

7. 疑病妄想：患者堅信自己軀體患有嚴重疾病或不治之症，到處求醫，極易導致危害性行為。

■抑鬱症

隨著各類傳媒管道傳播一些知名人物或者身邊的陌生人抑鬱自殺或殺人的消息，不知不覺，「抑鬱症」已經成了大家耳熟能詳的流行辭彙了。日常生活中，很多人談論起這個病名，卻很少有人真正瞭解它，甚至，有的人因為一點事情想不通而「鬱悶」，就給自己冠上「抑鬱症」的名號。雖然，現代醫學對抑鬱症的探索還在持續進行中，對抑鬱症的盲點正在一點一點被揭開，但是隨著研究的深入，醫學上對抑鬱症的治療已有了長足的進展。

抑鬱症是情感障礙的一種，以情感低落、思維遲緩，以及言語動作減少、遲緩為典型症狀。抑鬱症一般由三類因素造成：

第一，遺傳的易感性，由於遺傳因素的影響，一些人對現實易引起騷動之事物刺激的承受力差。

第二，抑鬱症發病有其生物學基礎，當人腦中某一種化學物質的濃度過低時，就會發生抑鬱症，相反，則會使人發生狂躁症。

第三，社會騷動事件刺激容易構成抑鬱症的誘因。

人們一旦得了抑鬱症，就會嚴重影響生活和工作，給家庭和社會帶來沉重的負擔。所以，對於抑鬱症我們千萬不能小看，一旦發現其萌芽，就要積極就醫，力求在早期將其治癒，千萬不可任其肆意傷害我們的身心健康。

而抑鬱症的類型主要有以下幾種：

1. 內源性抑鬱症：即有「懶、呆、變、憂、慮」五大特徵，其原因為大腦生物胺相對或絕對不足。

2.隱匿性抑鬱症：情緒低下和憂鬱症狀並不明顯，常常表現為各種軀體不適症狀，如心悸、胸悶、中上腹不適、氣短、出汗、消瘦、失眠等。

3.青少年抑鬱症：會導致學生產生學習困難，注意力渙散，記憶力下降，成績全面下降或突然下降，厭學、恐學、蹺課或拒學等。

4.繼發性抑鬱症：如有的高血壓患者服用降血壓藥後，導致情緒持續憂鬱、消沉。

5.產後抑鬱症：特別是對自己的嬰兒產生強烈內疚、自卑、痛恨、恐懼、或厭惡孩子的反常心理，哭泣、失眠、吃不下東西，是這類抑鬱症患者的常見症狀。

6.白領抑鬱症：患有抑鬱症的青年男女神經內分泌系統紊亂，正常的生理週期也被打亂，症狀多種多樣，除了精神壓抑、情緒低落、無所事事、愛生悶氣、思慮過度、失眠、多夢、頭昏、健忘等主要的精神症狀外，還有厭食、噁心、嘔吐、腹脹等消化吸收功能失調症狀，女性如月經不調、經期腹痛等婦科症狀也很常見。

以下是一個因精神疾病而犯罪的實際案例。

二〇〇六年，任教於一所中學的歷史老師李昆山（化名），因為「聽到」班上女學生章小慧罵他是瘋子、神經病，所以在課堂上不僅用竹棍毆打該女生，還猛踹這名女學生的頭部，最後甚至把該女生從樓梯上推下去，導致該女生身心重創。

事情的經過到底是怎樣的呢？又是什麼令李老師變得如此瘋狂呢？

李老師向警方表示，當天上課時他發現章小慧撥弄手指甲，並把指甲裡的髒東西彈到他身上，他敲打她，她卻罵他「神經病」，他受到刺激後才會動手打人。他說：「我打學生是為了維持好課堂秩序。」

辦案過程中，李老師的同事向警方反映，李老師有過精神病史，他曾經拿著菜刀在大街上喊殺人，後來被員警抓進看守所後被強制送入了精神病院。

李老師到底有沒有精神病呢？司法機關對他進行了精神病學鑑定，鑑定結果顯示肇事教師李昆山患有間歇性精神病。後來，根據調查取證，警方也得知被打傷的女生根本沒有罵他，李昆山所說的「聽到被害人罵他」完全屬於幻聽。

從上述案例中可以看出，李老師當時處於發病期，他所謂的「聽到」就屬於幻聽，幻聽是幻覺的一種，而幻覺是一種沒有外界刺激而出現的虛幻知覺，是精神疾病的典型症狀。對於精神病患者來說，幻覺是「真實的」，所以患者的思維、情緒等都會受幻覺的支配，患者的判斷能力也會因此受到影響，以致令異常行為發生。

接下來看幾宗因抑鬱症而引發犯罪的實際案例。

二〇〇九年十一月十日，德國足球運動員恩克選擇了漢諾威一條地區鐵道，讓迎面飛馳過來的列車將他帶到了另外一個世界。警方事後發現了恩克的遺書，雖然出於尊重家庭隱私的需要，沒有對外發佈遺書的所有細節，但遺書的內容有一點令人動容，恩克表示，他之所以結束生命，是要到另外的世界與三年前因為先天性心臟病去世的小女兒團聚。

恩克的妻子表示，恩克自二〇〇三年效力巴賽隆納期間就一直深受抑鬱症的折磨，後來，痛失愛女，使得被抑鬱症長期侵蝕的恩克的世界幾近崩潰，雖然又收養了養女，但是對於愛女離世，恩克一直消沉抑鬱，難以自拔，導致足球場上的表現也同時受損，雙重苦痛讓恩克像很多抑鬱症患者一樣，以自殺結束了自己的生命。

二〇一〇年九月，二十五歲的小周入住某旅館一〇一房。凌晨五點，小周打電話到服務台稱其房間的廁所水管在漏水，要求修理，旅館服務生小李前去房間查看時，小周從背後用水果刀刺向小李的背部、肩部，小李奮力反抗，並將其制服，隨後報警將他交付警方處理，問訊時小周向警方表示，自己與被害人小李無冤無仇，他刺殺小李的原因是因為自己不想活了，想以殺人後被槍斃的方式結束自己的生命。小周說，他早在幾個月前就買了一把刀，想自殺，但下不了手，於是才會想到以這樣的方式來結束自己的生命。

年紀輕輕怎麼厭世情緒如此強烈？警方對小周進行了精神病醫學鑑定，鑑定結果顯示：案發時小周的重度抑鬱症發作，在心神喪失的狀態下犯下了這樁殺人未遂的重案。

第四篇
家庭暴力與傷害

第1章 當愛已不再

不要和陌生人說話

自古以來，人們就愛用「同林鳥」來形容夫妻，以示雙方關係的親密，的確，構建和諧社會的基本「細胞」就是家庭，所謂「家和萬事興」，所以，家庭暴力不僅危及一個家庭的幸福，也危及到社會的安定。

年輕漂亮的中學老師梅湘南要結婚了，丈夫安嘉和是廈門的胸腔外科專家，在醫院乃至全廈門都很有地位。但就在出嫁之日，梅湘南突然被員警告之：當年將她強暴的高兵越獄逃出，很有可能潛回廈門對她進行報復。

高兵果然回來報復了，並綁架了梅湘南。安嘉和的弟弟安嘉睦冒險救出了梅湘南，高兵被抓獲。安嘉和趕來，高兵用話刺激安嘉和，安嘉和不禁對梅湘南與高兵獨處三十六小時都發生了什麼起了疑心，回家質問未果的情況下，安嘉和動手打了妻子。後來，高兵在醫院死了，安嘉和成了最大的嫌疑人，被醫院停職。

回到家，被高兵弄得精神近乎崩潰的安嘉和，暴怒之下再一次對妻子梅湘南大打出手。後來，梅湘南因做家庭訪問而晚歸，安嘉和又疑心重重，藉口梅湘南影響他休息，兩人言語中又提及高兵，一言不合，安嘉和瘋狂暴打梅湘南，最後梅湘南進了醫院。

看著傷心的梅湘南，安嘉和終於承認自己的上一次婚姻並不幸福，前妻對他的不忠給他留下了很大的心理陰影，梅湘南無言的原諒了安嘉和，可是，多疑讓安嘉和停不下暴打妻子的手，一再對其施諸暴力，最終導致妻子流產……

最後，安嘉和由於殺人被通緝，他找到被梅湘南接到深圳住院的梅母，最終找到了遠離他鄉的妻子。安嘉和自知死罪難逃，用槍逼著梅湘南，等著弟弟安嘉睦的出現。安嘉睦趕到後，安嘉和向弟弟和妻子交代完所有的事，對梅湘南說了最後的一句：「我愛你」，然後舉槍自殺了……

上述是引爆收視熱潮的電視劇《不要和陌生人說話》的簡單情節介紹，事實上，家庭暴力是一個全球性的問題。在世界各國，家庭中虐待妻子的現象都十分常見，儘管引起暴力的因素很多，但心理因素有著極為重要的作用，可以說，家庭暴力的實施者至少在當時就存在心理障礙。因此，除了法律明文規定保護婦女兒童合法權益、禁止家庭暴力外，當事人自己也應當明白其危害性極大，需積極尋求社會救助，千萬不能默默忍受，否則，就會像下述案例的主角一樣，在婚姻暴力的惡性循環下一再忍耐，不去尋求為問題找到解決之道。

欣華結婚已經五年了，五年的婚姻生活使她苦不堪言。欣華的丈夫經常對她惡言相向，後來甚至拳腳相加，大打出手。對於丈夫的粗暴行為，欣華一貫採取退讓隱忍的態度，每當她忍無可忍時，就離家出走一段時間，而丈夫會發瘋地去尋找她，找到她以後，每次都是痛哭流涕、捶胸頓足、作揖下跪，並發誓不會再犯。接著，丈夫便哀求她不要離開自己，表示沒有她，自己就活不下去了。

欣華相信丈夫是深愛自己的，打自己是由於一時衝動，也就每每原諒了他，跟隨他回家去「好好過日子」。可是過不了多久，丈夫又故態復萌……於是，欣華這五年的生活，就在丈夫的打罵、道歉、再打罵、再道歉，這樣一種循環中周而復始地度過。

欣華的生活為什麼會陷入這樣一個周而復始的惡性循環呢？心理學中有一種「心理遊戲」的理論可以對此進行解釋。心理遊戲是指人們通過扮演「迫害者」、「受害者」和「拯救者」這樣一些心理角色來進行的爭鬥，玩「心理遊戲」的人，不管他想扮演什麼樣的角色，他都至少要拉一個人來給他當「配角」。

欣華和丈夫之間五年來就是在玩一場如火如荼的「心理遊戲」，當丈夫扮演「迫害者」對她辱罵和毆打時，她乖乖地成為逆來順受的「受害者」；而當欣華離家出走時，其丈夫又把自己打扮成一個「受害者」，表示如果欣華離開他，他就活不了，欣華又乖乖地跳到「拯救者」的位置上，成為丈夫的「救世主」……

歸納引發婚姻暴力的原因，大致可分為：

1.人格特質缺陷，如：低自我控制、低自尊、不成熟、或其他精神心理障礙。

2.個人社會技巧低劣，如：溝通技巧、抗壓能力及人際關係處理均不佳。

3.個人劣習，如：酗酒、藥物成癮、外遇、賭博等。

4.生活窘境，如：失業、經濟困乏等。

由此可知，婚姻暴力的發生多源自於施虐者與受虐者的人格傾向異常，嚴重者可達疾病的等級，但這種異常不管是否已達疾病等級，只要進行適當的醫療及心理輔導，都能有效降低這些人格傾向異常者的家庭暴力發生率。

家庭性暴力

佳琪今年三十五歲，十幾年前在朋友的一次聚會上認識了富康，隨後，富康對年輕美麗的佳琪發起了愛的攻勢，而她當時對富康也不反感，兩人就開始了交往，誰知交往不久，富康就在他的住處強行與她發生了性關係。

正當佳琪猶豫著是否繼續發展兩人的關係時，她發現自己懷孕了，考慮到孩子是無辜的，被逼無奈的佳琪還是與富康結了婚。結婚後，原本想就此與富康好好過日子的佳琪，這時卻發現富康好像變了一個人，從此，生活對佳琪來說簡直是場惡夢。

富康從不關心她，還常常懷疑她在外面有別的男人，沒事就跟蹤她。除此之外，富康也從不關心自己的孩子，他關心的只有「性」，只要佳琪稍不順從，富康就會對她又打又罵，身體上的痛苦尚可忍受，但精神上的屈辱卻讓她痛不欲生。丈夫根本不把她當人看，對她進行各種方式的性虐待，只要他有「性」致，不管白天黑夜都要來折磨她，甚至在她月經期間也不放過她，稍有不從即對她拳打腳踢。

有一次，在外面喝完酒回來的富康，又向佳琪提出發生性關係的要求，佳琪回說孩子還在身邊，讓他注意一下自己的言行，誰知，富康聽了不但不加以收斂，甚至當著孩子的面強行與佳琪發生了性關係。事後，佳琪質問富康怎麼能這樣做，沒想到富康竟說這樣做感覺很刺激，以後還要這樣做，就算是提前讓孩子見習吧。

在以後的日子裡，有時佳琪工作累了，不願滿足富康的需索，富康便強迫她吃藥，在工作與家庭兩頭燒的情況下，佳琪動了念，不如結束這段婚姻。

上述案例中的情節屬於典型的「婚姻性暴力」，這類行為雖然會觸及「強制性交罪」，但和強暴罪不同的是，婚姻關係中的強暴行為屬告訴乃論，但由於婚姻中的性很隱私，舉證不易，再加上醫療上的驗傷，往往只能證明有發生性行為，以致在婚姻關係的庇護下，「婚姻性暴力」要被定罪通常有其難度，即便如此，婚姻性暴力的相關問題都應該被社會重視。

像富康這類以多疑、對妻子跟蹤、強迫發生性行為為特點的人，都是典型的偏執型人格障礙患者。而偏執型人格是指以極其頑固的堅持己見為典型特徵的一類變態人格，其形成原因與早期生活挫折及環境的不良影響等因素有關。

例如家庭破裂、父母離異或父母一方早亡、家庭氣氛緊張、成員間相互不信任或敵對、家庭教育方式不良、對子女的要求太苛刻或放任自理，都會對兒童的人格發展產生畸形的影響，使兒童的心中體驗到強烈的挫折感，久而久之，便容易形成自暴自棄、悲觀失望、任性冷漠、粗暴懷疑等人格特質，如果上述病態人格特質未能及時矯治，就可能成為偏執型人格。

人本身的心理狀態、自我意識等因素，對人格的形成有著重要的影響，偏執型人格者的多疑、固執等特點，正是其心理狀態不協調、自我意識障礙、缺乏自知之明的具體表現。

第2章 失去的快樂童年

推倒搖籃的手

近年來，各地虐兒事件頻傳：二〇〇五年一月間，男子邱光仁動手將不到五歲的女兒毆打致死，爆發各界矚目的「邱小妹醫療人球」案；一九九九年，駱力菖、駱立傑兄弟遭生母駱明慧同居男友劉朝坤凌虐致死；二〇〇六年，屏東市男子林光華，因七歲兒子尿濕褲子，用鐵製掃帚柄將兒子打成植物人。

根據家扶基金會所公布的十大兒保新聞，結果全被虐兒、攜子自殺等負面新聞攻佔，家扶基金會也發現，在受虐及疏忽致死的案例中，學齡前幼兒比率高達八成。

李太太在第一胎生了個女兒後，一直想要再生個兒子，三年後，二女兒媛媛出世，令李太太大失所望，於是將媛媛送給同鄉一對結婚多年未生育的夫婦收養。後來，這對夫婦生了自己的孩子，便於五年後將媛媛送回給李家，並向李家索要三十萬元撫養費。為此，李太太心裡很生氣，加上媛媛調皮，且李太太認為女兒和他們不親，便長期以木棍毆打、開水燙身體等暴力方式虐待媛媛。

某日，媛媛因腹瀉弄髒了床單，李太太用藤條抽打媛媛全身，隔日，傷痕累累的媛媛在家門前昏倒，被見狀的鄰居緊急送往醫院救治，醫院護士看到媛媛體無完膚的情況後，立即向警局報案，並通報社會局處理。

李太太虐待親生女兒的行徑實在是令人髮指，而歸究她的犯罪動機主要有兩個。首先在於想生男孩未果，所以便將心中的憤怒加諸在女兒媛媛身上；其次，媛媛在被原先領養的夫婦送還時遭索討養育費，這令李太太對媛媛更加嫌惡。

而從李太太的施虐動機來看，她具有典型的偏執人格，並不適合再繼續擔任照顧女兒的工作，而在她的偏執人格尚未修正之前，將媛媛隔離做適當教養，對孩子的身心將會比較有利，否則，若長期在受虐的環境中成長，將來，媛媛極有可能從虐兒事件的受害人，成為另一樁虐兒事件的加害人。

孟喬森綜合症

愛麗絲是芝加哥某社區醫院裡的一名護士，一年前她生下了一個十分可愛的女兒，生下女兒不到半年，丈夫就和她協議分居了。此時，一邊要忙於工作，一邊要照顧女兒，還有為離婚的事情費神，愛麗絲實在是心力交瘁了。這種情況沒持續多久，愛麗絲失業了，可是這時她正在與丈夫協議離婚，如果沒有穩定的工作，她很有可能會失去女兒的撫養權。愛麗絲覺得自己已經失去了一切，不能再失去女兒了，因為女兒是她唯一的精神支柱。

或許是運氣不好，接二連三的倒楣事情都讓愛麗絲碰上了。原本健康可愛的女兒突然生病，圓胖的小臉蛋不見了，取而代之的是消瘦的小臉頰，怎麼辦呢？愛麗絲急瘋了，天天抱著女兒去社區醫院，可是女兒的症狀並沒有好轉，反而有加重的跡象。在長達兩個月的時間裡，愛麗絲每天抱著女兒往返社區醫院和自己的家，她什麼都顧不了了，為此，法院也延遲了愛麗絲離婚案的宣判時間。

因為女兒生病需要照顧，所以愛麗絲沒有重新找工作，她每天只是寸步不離地守著女兒，就害怕女兒有個什麼閃失。一天傍晚，愛麗絲又抱著女兒來到社區醫院，負責為其女兒看病的雷德醫生發現小女孩除了一如既往的消瘦以外，一切都很正常，可是，這時愛麗絲拿出來女兒尿濕的褲子，雷德醫生在其中發現了血液的痕跡，便立即將其拿去化驗。

化驗的結果很出人意料，原來血跡並不是小女孩的，而是愛麗絲的。雷德醫生覺得很奇怪，在給小女孩的進一步檢查過程中，他發現小女孩有被人靜脈注射的痕跡，而這些在醫院的治療中卻並沒有記錄。顯示這不是醫院治療過程中對小女孩進行的靜脈注射，那麼是誰呢？小女孩的母親，曾經當過護士的愛麗絲受到了懷疑。雷德醫生懷疑這是一起虐待兒童案，便立即報警處理。

員警很快對愛麗絲母女進行了調查，在證據的面前，愛麗絲交代了自己虐待女兒的全部過程。她說她這樣做只是希望別人稱讚她很辛苦，她希望獲得別人的認同與同情，讓法官覺得她是一個稱職而優秀的母親，從而把女兒判給她。為此，她不斷加害自己的女兒，像是給女兒吃不乾淨的食物讓女兒生病，或者直接讓女兒挨餓，又或者給女兒靜脈注射污染物等；除此之外，由於自己被工作的醫院辭退了，而自己渴望重新回到醫院工作，所以就每天帶著女兒前來看病。

後來，警方還瞭解到，愛麗絲在學生時代就曾有過詐病史，每發生不幸的事情或者有解決不了的事情時，愛麗絲就會謊稱生病，以逃避而不去面對。

上述的案例屬於一種十分罕見但嚴重的兒童虐待，即所謂的孟喬森綜合症，意指：病人長期不斷地為有意的自我傷害和虛假報告的症狀尋求治療，這種虐待是指兒童的父母一方（尤其是母親）或雙方連續和長期地帶孩子就診，而兒童的症狀為父母偽造或誘導發生的，這類病人通常是成人。

通常，犯罪的母親都和案例中的愛麗絲一樣，本身就對醫學問題非常瞭解，甚至對治療細節很著迷，有過詐病史，或者自身就是一個保健專家。此外，在醫學檢查和治療期間，母親會表現出對兒童異常的關注，寸步不離，這種表現本身並沒有什麼奇怪，因為大部分家長在這時都希望和孩子待在一起，然而，孟喬森綜合症患者的一個相當重要特徵是，受虐兒童會反復出現一系列醫學症狀，對治療沒有反應或者治療後出現異常的行為，而這類行為往往難以解釋，而且會持續存在。這一點，在愛麗絲女兒的身上也表現出來了，治療似乎對其絲毫不起作用，所以身為母親的愛麗絲一次次地帶著女兒前去就醫。

孟喬森綜合症的另一個特徵是，對兒童的一系列身體檢查和化驗結果都很奇怪，與治療史不相符，或者是出現了在生理或臨床上都不可能出現的結果。例如上述案例中，愛麗絲就刻意讓女兒挨餓，將自己的血放到兒童的尿樣中，還給女兒靜脈注射污染物。其實，像愛麗絲這樣做，完全屬於極端的虐待，情節嚴重時可能會導致兒童嚴重受傷甚至死亡，所以，父母們一定要注意，千萬不要像愛麗絲那樣，為了滿足自己被稱讚、被認同或者其他願望，而將虐待加諸在孩子身上，畢竟那些只不過是你想要的而不是孩子需要的。

孟喬森綜合症通常是成人杜撰或製造孩子的病症，使得兒童受到不必要的醫療，導致心理及生理上的傷害，這種病不容易被發現，通常是透過旁人暗中觀察親子互動，或就醫時醫護人員仔細留意，才可提高診斷率。

孟喬森綜合症主要的動機表現為有一種強烈的需求，希望得到權威專家，諸如外科醫生、臨床醫生、心理醫生、社會工作者和律師的關注和治療，施暴者可能還有其他的動機，這會讓孩子涉入各種極其危險的情境。

另外，與那些出於強迫性需要去反復愚弄醫生或讓別人注意到自己是一個好母親的人相比，有的母親偽造孩子的症狀是為了使自己或孩子獲得幫助，也有的母親存有妄想的念頭，認為孩子確實生病了，動機不同的母親給孩子造成的危險也不盡相同，但對兒童的身心危害卻是一致的。

第五篇
犯罪心理診斷及預防

第1章 尋找犯罪的真正原因

掌握心理因素及人格特徵

要阻絕犯罪，必須從探討犯罪人心理開始，唯有知道犯罪人真正的犯罪動機及原因，才可能消滅他們犯罪的意圖，為此，犯罪心理學家發展出了以心理診斷來探知人們內心深處是否潛藏著犯罪特質，盼能將犯罪行為防範於未然。

而廣義的心理診斷，是指用心理學的方法，如問卷、訪談、調查等，對被試者的心理狀態和人格特點進行測知和概括的過程。心理診斷的對象可以是正常人，也可以是有心理或精神障礙的患者，而心理診斷的內容可以是正常人的智力活動水準、注意特點以及性格類型，也可以是患者的精神障礙性質和程度。

狹義的心理診斷是廣義心理診斷的一部分，僅限於心理障礙者方面，是發現和評定患者的心理障礙，並確定它的性質和程度的過程，診斷的結果有助於心理疾患的判別和治療。

心理診斷的方法有個案法、談話法、觀察法、測驗法、臨床神經心理學檢查法等。犯罪心理診斷是指診斷者對犯罪人的犯罪事實進行考察，運用心理學上的測試測量等技術，對其做出檢查與判斷的活動過程，包括性格特徵的測量、犯罪行為的心理障礙與缺陷上的成因分析、有無病理上的異常表現等，為處理和矯正治療提供依據。

犯罪心理診斷的特點是，它不僅要檢查犯罪者的個別心理因素，還要掌握其全部人格特徵結構，而人格特徵是不可分割的整體，各個部分之間緊密聯繫，犯罪行為一般均與犯罪者的人格狀況有關。

如果考察犯罪者的人格，就會發現其人格體系中的所有因素，雖然不一定都與犯罪有關，但其中某些重要因素在犯罪行為的發生及其結果中發揮著重要的作用，其他因素則或發生間接的聯繫，或雖無間接聯繫，卻無力與犯罪心理相抗衡，從而導致犯罪行為。犯罪心理診斷的對象，包括個別問題兒童與頑劣少年，也包括涉嫌違法犯罪的個體、刑事被告人和在押罪犯。（表1、表2）

犯罪心理診斷方法

哪些方法可以進行對犯罪心理的診斷呢？主要可以透過以下幾項：

1.生活史調查

透過生活史調查，研究者可以掌握罪犯過去的曲折生活歷程，從中發現其犯罪心理形成的軌跡。透過各種管道和方式，瞭解犯罪人表現出的與犯罪有關的各個因素，如生活經歷的坎坷、經濟狀況不良、在校或在職的不良表現、社會交往範圍的局限和人際交往手段的欠缺、興趣愛好低級、性格特徵表現極端化，以及從正常人演變為罪犯的具體過程，在調查中掌握的資料可以幫助分析和發現其犯罪心理產生與發展變化的原因和特點。

2.行為觀察

表一：心理診斷與犯罪心理診斷

分類	對象	內容
廣義的心理診斷	正常人或者心理（精神）障礙患者	正常人的智力活動或者患者精神障礙的性質和程度
狹義的心理診斷	心理障礙患者	患者心理障礙的性質、程度
犯罪心理診斷	犯罪人、個別問題兒童和頑劣少年	犯罪人的人格特徵及促成犯罪行為的心理障礙

表二：犯罪心理診斷的目的

分類	對象	目的
早期診斷	問題兒童	對其進行早期教育與防範
	嫌疑犯	弄清其身份和個性特點
審判時診斷	刑事被告人	判明其精神狀態、犯罪動機、有無精神病等
入監時診斷	受刑人	進行分類處理及確定矯治方案
釋放時診斷	刑滿釋放人員	驗證改造品質，並預測再犯罪的可能性

研究者對罪犯入獄後的各種行為表現，如認罪態度、人際關係水準、學習和勞動表現等進行觀察，以掌握犯罪人的犯罪需要強度、犯罪心理結構穩定程度，以及對現實的要求，從而確定心理矯治的重點和應採取的方法。

3. 面談

監獄管理人員與罪犯進行面對面的交流，直接聽取其對生活經歷與各種經驗的陳述，並觀察其在陳述過程中流露出的情緒反應與態度評價，以評估為目的，試圖誘導出罪犯關於信仰、人生觀和價值觀念等方面的確切觀點。這是一種有意義的評估技術，是發掘犯罪人內心活動的重要方法。

4. 犯罪事實判斷

研究者透過對犯罪事實的分析和判斷，可以考察出不合理的思維、不良的需要結構、錯誤的觀念態度、低級的情感、偏執的性格等心理因素，並以之與犯罪事實進行交叉分析，以釐清罪犯的犯罪動機及心理。

5. 心理測驗

前述方法都是傳統的社會科學調查方法，如果心理診斷過程中只有它們而無心理測驗，就談不上是標準化的科學心理診斷。而為了診斷犯罪人心理素質而進行的心理測驗，包括智力測驗、性向測驗、態度測驗、人格測驗等，常用的方法有問卷調查、作品分析、投射測驗等，心理測驗對於罪犯心理的診斷十分重要。

犯罪心理診斷步驟

掌握豐富且具體的原始資料是進行犯罪心理診斷的基礎和第一個步驟，雖然在心理診斷的最後階段才能說明關於犯罪行為的具體內容，但在過程的一開始，也要像對一般人格心理診斷一樣，從彙集人格特徵的基本資料入手，無論是面談還是心理測驗，其著力點都在於掌握被診斷者的總體人格形象。在此基礎上，研究者可以發現某些薄弱環節，確定進一步彙集相關資料的重點和方法，然後，沿著確定的方向，再去努力收集必要的資料。

第一步推論：抽象與概括。在彙集大量來自不同管道的資訊與資料之後，研究者通過相互比較對照、考察驗證與抽象思維的過程，從中概括出被診斷者在犯罪上表現出的顯著能力、性格、欲求、興趣等不同於常人的獨特特徵，獲得對其個性因素方面的準確判斷。

第二步推論：分析與綜合。在觀察其個性特徵的同時，研究者經過分析判斷，對被診斷者的人格整體性做出結論，歸納出若干種綜合性的看法、結果，其人格形象便清晰地呈現出來了。最後，應用臨床診斷的標準研究者就可以得出諸如智力落後、暫時性的不適應狀態等人格診斷意見，也就是可能導致犯罪心理和行為的各種可能性原因。

犯罪心理診斷：尋求原因。在以上的人格診斷過程中，往往不涉及被診斷者進行犯罪事實的原因，但被診斷者的犯罪行為傾向與其人格缺陷之間存在著因果關係，因此尋求原因是診斷當中必須包含的內容，而這可以透過兩方面的努力：一方面是從已經發生和存在的犯罪事實出發，自上而下逐級探索，找到它與罪犯人格核心部分的密切關聯；另一方面則是從已掌握的人格診斷結論出發，自下而上研究某種人格是怎樣引發犯罪行為的，二者相互結合可以找到犯罪的真正原因。

結合心理治療和心理諮詢

對犯罪者進行矯正處置和心理治療，目的在於消除其反社會行為和犯罪心理，實現再社會化，使其成為適合社會的守法公民。

犯罪者因違犯法律而必須接受某種司法或刑事責任上的處置，包括刑法與民法兩種處置。因大多數犯罪者都被處以剝奪自由刑，需要關押在一定的機構內實施處置，所以監獄處置遂成為處置罪犯的主要形式。

而除了必要的監禁之外，犯罪者還須接受犯罪心理矯治，其內容包括矯正處置和心理治療兩個方面。

1. **矯正處置**：包括對監禁者實施的教育感化、組織的生產勞動以及獄政管理制度中某些具有激勵、約束、教化意義的措施，如懲罰、累進制獎勵等，使用的方法通常比較常規，主要是戒之以規、動之以情、曉之以理、導之以行等。

矯正處置的適用對象較寬泛，其著力點在於矯正犯罪人後天形成的不良個性心理，尤其是表現在價值觀、道德觀和法紀觀等社會心理傾向上的異常和反常，並改變其不良的行為習慣，培養良好的生活習慣和技能。

2.心理治療：可以和心理諮詢結合使用。心理治療主要應用於處在監禁情形中的精神不正常和存在著人格障礙的患者，也可作為矯治某些不良嗜好、習慣，如菸癮、酒癮、毒癮的一種方法；而心理諮詢既可適用於監禁者中產生心理困擾、渴望獲得解脫的來訪者，也可作為輕度精神疾患病人的一種治療措施。

在監禁者中，有一部分人存在著某種心理障礙、變態心理和其他精神疾患，另一些人對監禁生活不適應，產生不良適應性反應或心理困擾，這些症狀不是一般常規教育、矯治手段所能解決的，需要進行心理治療和心理諮詢來幫助他們適應監禁生活，接受矯正處置。

第2章 避免下一個受害者

犯罪心理預測

犯罪預測曾是社會預測學的一個組成部分，後逐漸歸入犯罪學的範疇，成為犯罪學的一個研究分支。與其他社會預測一樣，犯罪預測的準確性如何，關鍵在於進行預測之前必須確定與預測對象有關的多因素變數，在此基礎上，通過定量、定時、定性和其他科學方法進行分析，製作出可以預見其未來發展變化的體系和框架，據此進行科學的測定。

根據預測的對象和範圍，可將犯罪預測分為犯罪社會預測和犯罪個體預測兩大類，一般認為，前者是犯罪社會學的研究對象，後者是犯罪心理學的研究對象。

犯罪社會預測

屬於社會學的研究領域，是一種整體性質的預測、發展趨勢的預測和犯罪現象的宏觀預測，它是運用社會學的理論和方法，對一定範圍內（一國、一省、一市）和未來一定時間內（十年、五年、三年）犯罪現象的總體變化情況的預測，為正確地制定刑事政策和成功地進行社會犯罪預防活動提供了重要的依據。

而要進行科學的預測，必須以大量可用的統計資料作為根據，並以大規模相關的社會因素調查和分析作為基礎，例如可能引發犯罪的社會政治經濟狀況、教育狀況、人口年齡構成狀況、刑滿釋放人員流入社會狀況、社會心理和文化衝突等，進行邏輯判斷、歷史類推和數學模型研究，從而得出有效的預測結論。

犯罪個體預測

屬於心理學的研究領域，是一種對生活在社會中的個體是否存在犯罪心理的預測，即犯罪心理的微觀預測，它是運用心理科學的理論和方法，對某些個體所具有的犯罪傾向，及其在未來一段時間內違法犯罪的可能性做出預測和判斷，從而改善社會的犯罪狀況，可按不同的標準加以分類。

同樣，這種預測方式也是在彙集確實可靠的心理活動資料的基礎上，進行理性分析、經驗研究和數學模型研究，以得出有效的預測結論。

及早發現犯罪徵兆

犯罪心理預防是指採取有效措施，對已經或可能具有犯罪傾向的個體進行控制和排除其與犯罪心理形成的相關因素，防止其犯罪心理外化為犯罪行為，或進行心理矯治，改變心理傾向，達成預防犯罪的目的。

犯罪心理預防可以從以下幾個方面進行：

1. 排除和減少消極因素

個體的生活環境及其日常的人際交往，對個體（尤其是青少年）品德的形成和發展至關重要。排除個體生活環境中的雜質與污穢，使個體無法接觸對其產生負面影響的消極內容，無法形成反社會的心理和行為，是防止犯罪動機萌生的重要手段。至於具體做法，除了要努力淨化社會環境和文化環境之外，還可以對某些個體採取一定的保護措施及教化。

2. 防止形成犯罪心理

個體的心理生活內容既包含積極因素，也包括消極因素，一般是積極因素佔主導，如果消極因素佔上風，在一定條件下就可能形成犯罪心理，所以，防止犯罪心理形成並外化為犯罪行為的關鍵，就是防止消極因素的滋生。

3. 預防突發性犯罪行為

突發性犯罪行為多由機遇性、情緒性因素所誘發，由人際關係衝突所引起，由主體的個性心理缺陷所決定。因此，在犯罪心理預防的過程中，要善於調節人際關係矛盾，減弱個體的情緒鬱結到對抗和衝突的程度。

4.破壞已形成的犯罪心理結構

那些有違法犯罪歷史的刑滿釋放人員，以及經過犯罪心理預測可能進行預謀犯罪和惡性犯罪的個體，都是潛在的犯罪因素，必須採取必要防範措施，同時進行心理疏導，喻之以理，曉之以情，幫助他們改變心理結構，放棄犯罪動機，以防止犯罪行為的再次發生。

5.消除進行犯罪活動的機會

犯罪機會是進行犯罪活動的條件，又是促使個體萌生犯罪動機的誘因刺激，消除或減少犯罪機會，也就是減少社會的不良場所、不良風俗及暴戾之氣，是進行犯罪心理預防的一項重要措施。

犯罪心理預防方法

犯罪心理預防有一般方法和特殊方法之分。

一般方法

犯罪心理預防的一般方法是指對社會成員（主要是青少年）所採取的一種預防方法，加強其社會規範和基本法律法規的教育，促使其建立起相應的守法心理結構，以增強抵禦犯罪的「免疫力」，這必須由家庭、學校及整體社會共同負起全責。

特殊方法

犯罪心理預防的特殊方法是指經過犯罪心理預測之後，確定為有犯罪傾向的個體和有犯罪徵兆的個體，對他們予以特殊的心理防護和疏導，而對其犯罪心理結構進行矯治的方法和技術主要包括以下幾項：

1.注意發現犯罪徵兆：犯罪徵兆是指犯罪人在進行犯罪行為之前所表現出來某些預示性的徵候、言詞或異常表現，這即是犯罪的前兆。在犯罪心理預測的基礎上，密切監視和及時發現犯罪徵兆，如人際關係劇變、物質欲望膨脹、對異性特殊的興趣與反常表現、其他反常規意識與行為等，在監測的基礎上，迅速研究並採取相應的對策，將可能發生的犯罪行為控制在醞釀與預謀階段。

2.加強心理疏導，防患於未然：對可能的犯罪者，根據不同的情況，有針對性地加強個別教育，採取必要的防範措施，從而對及時發現潛在的犯罪徵候進行消除和化解，以將其扼殺在未萌之初。

3.及時消除與矯正犯罪心理：在準確診斷、判明犯罪心理結構的基礎上，及時消除個體的犯罪動機，做好心理矯正工作，避免犯罪動機一再復萌。

4.吸收、運用國外犯罪心理的矯治技術：對於具有人格障礙、心理變態的犯罪者，國外的犯罪心理矯治技術和方法可適當地加以吸收、借鑑和運用，在實踐中逐步摸索經驗，不斷改進、完善，使之符合國情與犯罪情況，才能在防止犯罪行為上發揮更大的效能。

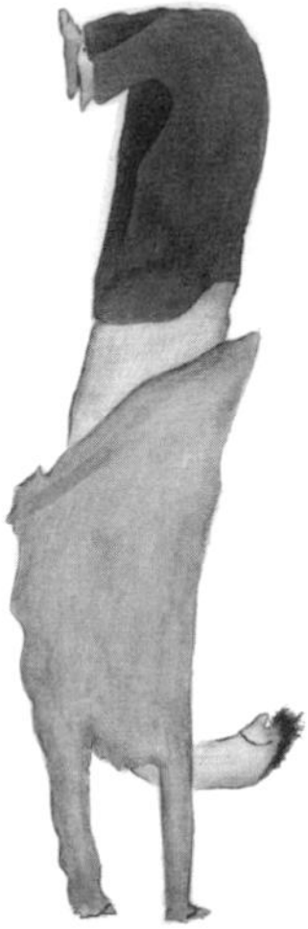

艾森克情緒穩定性測驗

艾森克是英國倫敦大學的心理學教授，是當代最著名的心理學家之一，編製過多種心理測驗，他所編製的情緒穩定性測驗可以被用於診斷是否存在自卑、抑鬱、焦慮、強迫症、依賴性、疑心病觀念和罪惡感等病態人格傾向。

以下所附的這份測驗共有二百一十道題目，請你逐一在答案紙上回答。你可以在「是」、「否」和「不一定」三個答案中選擇一個，再用筆圈起你的選擇。你儘量選擇「是」和「否」，不要過多地思考每個題目的細微意義，最好根據自己的直覺來回答。

問卷

1. 你認為你能像大多數人那樣行事嗎？
2. 你似乎總是碰到倒楣事。

3.你比大多數人更容易臉紅嗎？
4.有一個想法總在你腦中反復出現，你想打消它，但是辦不到？
5.你有想戒而戒不掉的不良嗜好嗎？如抽菸。
6.你是否總是感覺精神良好並精力充沛？
7.你常常為罪惡感而煩惱嗎？
8.你是否覺得有點兒驕傲？
9.早上醒來時，你是否經常感到心情鬱悶？
10.即使發愁的時候，你也極少失眠嗎？
11.你時常感到時鐘的滴答聲十分刺耳、難以忍受嗎？
12.對於那種看上去你很在行的遊戲，你想學會並享受其樂趣嗎？
13.你是否食欲不佳？
14.在你實際上沒有錯的時候，你是否常常尋找自己的不是？
15.你常常覺得自己是一個失敗者嗎？

16. 總括來說，你是否滿足於你的生活？
17. 你通常是平靜、不容易被煩擾的嗎？
18. 在閱讀的時候，如果發現標點錯誤，你是否覺得很難弄清句子的意思？
19. 你是否通過鍛鍊或限制飲食來有計劃的控制體重？
20. 你的皮膚非常敏感和怕痛嗎？
21. 你是否有時覺得你所過的生活令你父母失望？
22. 你為你的自卑感苦惱嗎？
23. 在生活中，你是否能發現許多愉快的事？
24. 你是否覺得你有許多無法克服的困難？
25. 你是否有時強迫自己收手，儘管你明明知道你的手段很正規？
26. 你是否相信你的性格已由童年的經歷所決定，所以無法改變？
27. 你是否時常感到頭暈腦脹？
28. 你是否覺得你犯了不可饒恕的罪過？

29. 總括來說，你是否很自信？
30. 有時你不在乎將來怎樣。
31. 你是否總感到生活十分緊張？
32. 你有時為一些枝微末節的小事總纏繞在腦海中而煩惱嗎？
33. 不管別人怎麼說，你總能按自己的決定行事嗎？
34. 你比多數人更容易頭痛嗎？
35. 你常有對自己的所做所為進行懺悔的強烈意願嗎？
36. 你是否常常希望自己是另外一個人？
37. 平時你感到精力充沛嗎？
38. 你小時候害怕黑暗嗎？
39. 你是否熱衷於某種迷信儀式，以避免不吉利的事情發生？
40. 你覺得控制體重困難嗎？
41. 你是否有時感到面部、頭部、肩部抽搐？

42.你是否常覺得別人刁難你？
43.當眾講話是否使你感到很不自在？
44.你是否曾經無緣無故的覺得自己很悲慘？
45.你是否常常忙忙碌碌似乎有所求，實際上不知所求？
46.你常擔心抽屜、窗子、門、箱子等東西是否鎖好嗎？
47.你是否相信上帝、命運等超自然的力量控制著你的生老病死？
48.你很擔心自己得病嗎？
49.你是否相信此時此刻所得到的幸福，最終不得不償還？
50.如果可能的話，你將在許多方面改變自己嗎？
51.你覺得自己前途樂觀嗎？
52.面對艱難的任務，你是否會發抖、出汗？
53.上床睡覺之前，你常按常規檢查所有的電燈、用具和水龍頭關好了嗎？
54.如果事情出了差錯，你是否常把它們歸結為運氣不佳，而不是方法不當？

55.即使你認為自己僅僅是輕微著涼了，你也一定要去看病嗎？
56.你很關心自己是否比周圍大多數人都生活得好嗎？
57.在一般情況下，你是否覺得自己頗受大家的歡迎？
58.你是否有過自己不如死了好的想法？
59.即使知道對你不會有傷害，你也對一些人或事擔驚受怕嗎？
60.你是否小心翼翼的在家裡儲存一些食品或糧食，以防食物短缺？
61.你是否曾感到有一種壞念頭支配著你？
62.你是否常感到精疲力竭？
63.你是否做過一些使你終生遺憾的事？
64.對於你的決定，你是否總是充滿信心？
65.你常感到沮喪嗎？
66.你比其他人更不容易焦慮嗎？
67.你特別害怕和厭惡髒東西嗎？

68. 你是否常感到自己是某種無法控制的外力受害者嗎？
69. 你被認為是一個體弱多病的人嗎？
70. 你常常無緣無故地受到責備和懲罰嗎？
71. 你是否覺得自己很有見地？
72. 對你來說，事情總是沒有希望嗎？
73. 你常無緣無故地為一些不實際的東西擔心嗎？
74. 在外面，遭遇火災之前，你是否先計畫怎樣逃脫？
75. 做事前，你是否總是設計一個明確的計畫而不是碰運氣？
76. 你家裡有一個小藥箱來保存你以前看病剩餘的各種藥物嗎？
77. 如果有人訓斥你，你會放在心上嗎？
78. 你是否常為一些你做過的事情感到慚愧？
79. 你和多數人一樣愛笑嗎？
80. 多數時間裡你都為某些人或事感到憂心忡忡嗎？

81. 你是否會因為東西放錯了地方而煩躁難受？
82. 你曾經用扔硬幣或類似的完全憑概率的方法來做決策嗎？
83. 你非常擔心自己的健康嗎？
84. 如果你發生了意外事故，你是否覺得這是對你的報應？
85. 當你注視自己的照片時，你是否感到窘迫，並抱怨人們總不能公平的對待你？
86. 你常常毫無原因的感到無精打采和疲倦嗎？
87. 如果你在社交場合出了醜，你能很容易忘掉它嗎？
88. 對於你所有的開銷，你都詳細的記帳嗎？
89. 你的所做所為是否常與習俗和父母的希望相悖？
90. 強烈的痛苦和疼痛使你不可能把注意力集中在你的工作上嗎？
91. 你是否為你過早的性行為而後悔？
92. 你家裡是否有些成員使你感到自己不夠好？

93. 你常受到噪音的打擾嗎？
94. 坐著或躺下時，你很容易放鬆嗎？
95. 你是否很擔心在公共場合裡傳染上細菌？
96. 當你感到孤獨時，你是否努力去友善待人？
97. 你是否經常為難以忍受的搔癢而煩惱？
98. 你是否有某些不可饒恕的壞習慣？
99. 如果有人批評你，你是否感到非常不愉快？
100. 你是否覺得自己受到生活的不公平待遇？
101. 你是否很容易為一些意想不到的人的出現而吃驚？
102. 你總是很細心的歸還借物嗎？哪怕錢少得微不足道？
103. 你是否感到你不能左右你周圍發生的事情？
104. 你的身體健康嗎？
105. 你常受到良心的折磨嗎？

106. 人們是否把你作為他們利用的對象？
107. 你是否認為人們並不關心你？
108. 安靜地坐著對你來說很困難嗎？
109. 你是否常常事必躬親，而不相信別人也能把它做好？
110. 你很容易被人說服嗎？
111. 你的家人是否多有腸胃不適的毛病？
112. 你是否覺得虛擲了自己的青春？
113. 你是否喜歡提一些關於你自己作為一個人的價值的問題？
114. 你常常感到孤獨嗎？
115. 你總是擔心錢的問題嗎？
116. 你寧願從馬路旁的欄杆下面鑽過去，也不願意繞道而行嗎？
117. 你感到生活難以應付嗎？
118. 當你不舒服時，別人是否表示同情？

119. 你是否覺得自己不配得到別人的信任和友情？
120. 當人們說起你的優點時，你是否覺得他們在恭維你？
121. 你是否認為自己對世界有所貢獻並過著有意義的生活？
122. 你是否很容易入睡？
123. 你不拘小節嗎？
124. 你所做的多數事情都能使他人愉快嗎？
125. 你長期便秘嗎？
126. 你是否總是考慮過去發生的事情，並惋惜自己沒能做得更好？
127. 你是否有時因為怕別人嘲笑或批評而隱瞞自己的意見？
128. 你覺得世界上沒有一個人愛你嗎？
129. 在社交場合中，你很容易感到窘迫嗎？
130. 你是否把廢舊的物品留著，以便將來派上用場？
131. 你相信你的未來掌握在你的手中嗎？

132. 你曾經有過神經衰弱嗎？
133. 你內心是否隱藏著某種內疚，而擔心總有一天必定會被人知道？
134. 在社交場合你是否感到害羞，並且自己意識到這種害羞？
135. 你認為把一個孩子帶到世界上來是一件很難得的事情嗎？
136. 如果事情沒有按照預定計劃進行，你是否容易感到手足無措？
137. 房間裡很亂時你是否感到不舒服？
138. 你是否和別人一樣有意志？
139. 你常感到心悸嗎？
140. 你相信惡有惡報嗎？
141. 與你遇到的人相比，你是否感到自卑，儘管客觀上你並不比他們差？
142. 一般來講，你是否成功地實現了你的生活目標？
143. 你常為惡夢驚醒並嚇出一身大汗嗎？
144. 若別人的狗舔了你的臉，你感到噁心嗎？

145. 由於總有一些事情干擾，你不得不改變計畫，因此，你覺得訂計畫是浪費時間的事嗎？
146. 你總擔心家裡的人會生病嗎？
147. 如果你做了某些受到譴責的事，你是否能很快地忘掉，並放眼未來？
148. 通常你覺得你能實現你想要達到的目標嗎？
149. 你很容易傷感嗎？
150. 當你和別人談話，並想給人留下深刻的印象時，你的聲音是否會變得顫抖？
151. 你是不是那種萬事不求人的人？
152. 你更喜歡那種由他人決策，並告訴你該怎麼做的工作嗎？
153. 甚至在天氣暖和時你也時常手腳冰冷嗎？
154. 你常透過祈禱來請求得到寬恕嗎？
155. 你對你的相貌感到滿意嗎？
156. 你是否覺得別人老是碰到好運氣？

157. 在緊急情況下你能保持鎮靜嗎？
158. 你是否把所有的約會和同一天所必須做的事都記在記事本上？
159. 你是否感到在生活中變換環境是徒勞的？
160. 你常感到呼吸困難嗎？
161. 聽到下流故事時，你感到窘迫嗎？
162. 對於你不喜歡的人，你是否保持緘默？
163. 你感到有很長時間你無法駕馭你周圍的環境嗎？
164. 當你想到自己所面臨的困難時，你是否覺得緊張和不知所措？
165. 拜訪別人進門之前，是否總要整理一下頭髮和衣服？
166. 你是否常常覺得難以控制你的生活方向？
167. 你是否認為因輕微的不舒服，如咳嗽、著涼、感冒去看病是浪費時間？
168. 你是否常感到好像做錯了什麼事情，儘管這種感覺沒有確實根據？
169. 你是否覺得為了贏得別人的關注和稱讚而做事非常困難？

170. 回首往事，你是否覺得受了欺騙？
171. 受到羞辱使你難受很長的時間嗎？
172. 和別人說話時，你是否總是試圖糾正別人的語法錯誤，儘管這麼做是不禮貌的？
173. 你是否覺得現在的事情如此變幻莫測，以至簡直找不出規律？
174. 如果你得了感冒，你是否馬上上床休息？
175. 你是否由於你的老師沒有充分準備授課內容而對他感到失望？
176. 你是否常常把自己設想得比實際好？
177. 你和別人一樣生活得快樂嗎？
178. 你能夠透過描述自己來認識自己嗎？
179. 你是否把自己描述成一個完美的人？
180. 你總是有明確的生活目標嗎？
181. 早上你是否常常看看你舌頭的顏色？

182. 你是否常在回憶過去時，覺得自己以前對待別人太不好？
183. 你是否覺得你從來沒有做過任何好事？
184. 你是否覺得自己是生活中多餘的人？
185. 你是否為可能會發生的事而操不必要的心？
186. 當煩惱的事情使你無法入睡時，你是否按照習慣離開床鋪？
187. 你是否常常覺得別人在利用你？
188. 你每天都量體重嗎？
189. 你是否期望上帝在來世懲罰你的罪過？
190. 你是否常常懷疑你的性能力？
191. 你的睡眠通常是不規則的嗎？
192. 你是否常常無緣無故地變得很激動？
193. 保持整潔有序對你來說是很重要的嗎？
194. 你是否有時受廣告的影響而買一些你實際上並不需要的東西？

195. 你是否常常為噪音而煩惱？
196. 如果在人際交往中遇到挫折，你總是責備自己嗎？
197. 你有起碼的自尊心嗎？
198. 即使你和其他人在一起時，你也常常感到孤獨嗎？
199. 你曾經覺得你需要服一些鎮靜劑嗎？
200. 如果你的生活日程被一些預料之外的事情打亂，你感到非常不高興嗎？
201. 你是否以占卜算命來預測自己的未來？
202. 你是否常常覺得有塊東西堵在喉嚨裡？
203. 你是否有時對你自己的性欲望和性幻想感到厭惡？
204. 你認為你的個性對異性有吸引力嗎？
205. 在多數時間裡，你內心感到寧靜和滿足嗎？
206. 你是一個神經質的人嗎？
207. 你是否常常花大量時間來整理文件，這樣你可以在需要時知道它們在哪？

208. 你是否總是由別人來決定你是看什麼電影或電視節目？

209. 你有過忽冷忽熱的感覺嗎？

210. 你能很容易忘記你所做錯過的事嗎？

計分方法

上面二百一十道題目中包含著七個分量表，每三十題為一個量表，分別從自卑感、抑鬱性、焦慮、強迫症、依賴性、疑心病觀念和罪惡感等七個方面來評價一個人的心理健康狀態。

根據下面給出的七個分量表記分，計分表中的數字是問卷中的題目號碼，題號後的「＋」號表示該問題回答「是」則得1分，題號後的「－」號表示該題回答「否」則得1分，凡是回答「不一定」的一律得0.5分，最後將各題得分加起來就是你在該分量表上的得分。

一、自卑感					
1＋	43－	85－	127－	169－	**高分者：**對自己及自己的能力充滿自信，認為自己是有價值的、有用的人，並相信自己是受人歡迎的。這種人非常自愛、不高傲自大。
8－	50＋	92－	134－	176－	
15－	57＋	99－	141－	183－	
22－	60＋	106＋	148＋	190－	
29＋	71＋	113－	155＋	197＋	**低分者：**自我評價低，自認自己不被人喜愛。
36－	78－	120－	162－	204＋	

二、抑鬱性					
2－	44－	86－	138＋	170－	**高分者：**愉快樂觀，情緒狀態良好，對自己感到滿意，對生活感到滿足，與世無爭。
9－	51＋	93－	135－	177＋	
16＋	58－	100－	142＋	184－	**低分者：**悲觀厭世，易灰心，心情抑鬱，對自己的生活感到失望，與環境格格不入，感到自己在這個世界上是多餘的。
23＋	65－	107－	149－	191－	
30＋	72－	114－	156－	198－	
37＋	79＋	121＋	163－	205＋	

三、焦慮					
3＋	45＋	87－	129＋	171＋	**高分者：**容易為一些區區小事而煩惱焦慮，對一些可能發生的不幸事件存在著毫無必要的擔憂，杞人憂天。
10－	52＋	94－	136＋	178＋	
17－	59＋	101＋	143＋	185＋	
24＋	66－	108＋	150＋	192＋	**低分者：**平靜、安詳，並且對不合理的恐懼、焦慮有抵抗能力。
31＋	76＋	115＋	157－	119＋	
38＋	80＋	122－	164＋	206＋	

四、強迫狀態

4＋	46＋	88＋	130＋	172＋
11＋	53＋	95＋	137＋	179＋
18＋	60＋	102＋	144＋	186＋
25＋	67＋	109＋	151＋	193＋
32＋	74＋	116－	158＋	200＋
39＋	81＋	123－	165＋	207＋

高分者：謹小慎微，認真仔細，追求細節的完美，規章嚴明，沉著穩重，容易因髒汙不淨、零亂無序而煩惱不安。

低分者：不拘禮儀，隨遇而安，不講究規則、常規、形式、儀式。

五、自主性

5－	47－	89＋	131＋	173－
12＋	54－	96＋	138＋	180＋
19＋	61－	103－	145－	187－
26－	68－	110－	152－	194－
33＋	75＋	117－	159－	201－
40－	82－	124－	166－	208－

高分者：自主性強，盡情享受自由自在的樂趣，很少依賴別人，凡事自己做主，把自己視為命運的主人，以現實主義的態度去解決自己的問題。

低分者：常缺乏自信心，自認為是命運的犧牲品，易受到周圍其他人或事件所擺佈，趨炎附勢。

六、疑心病症

6－	48＋	90＋	132＋	174＋
13＋	55＋	97＋	139＋	181＋
20＋	62＋	104－	146＋	188＋
27＋	69＋	111＋	153＋	195＋
34＋	76＋	118＋	160＋	202＋
41＋	83＋	125＋	167－	209＋

高分者：常常抱怨身體各個部分的不適感，過分關心自己的健康狀況，經常要求醫生、家人及朋友對自己予以同情。

低分者：很少生病，也不為自己的健康狀況擔心。

七、罪惡感

7＋	49＋	91＋	133＋	175＋
14＋	56＋	98＋	140＋	182＋
21＋	63＋	105＋	149－	189＋
28＋	70－	112＋	154＋	196＋
35＋	77＋	119＋	161＋	203＋
42＋	84＋	126＋	168＋	210－

高分者：自責、自卑，常為良心的折磨所煩惱，不考慮自己的行為是否真正應受到道德的譴責。

低分者：很少有懲罰自己或追悔過去行為的傾向。

情緒穩定性測驗剖析圖

	情緒不穩定性	情緒適應性	
自卑感	6~21	22~30	自尊
抑鬱性	7~22	23~30	愉快
焦慮	30~16	15~1	安詳
強迫性	25~10	9~1	隨意性
依賴性	5~20	21~29	自主性
疑心病	21~6	5~1	健康感
罪惡感	23~8	7~1	無罪惡感

說明：

你可以將你在七個分量表上的得分標記在右頁的剖析圖中，剖析圖中間的豎線代表人們的平均水準。如果你得分基本落在中間附近或基本落在豎線的右側，那麼，你的情緒是比較穩定的，心理健康狀態也是好的；如果你的得分多數落在豎線左側，那麼，你的情緒就存在著某種程度的不穩定性，你的心理健康狀態就可能存在一些問題，此時，你可以去尋求專業人士，進行一次心理諮詢，以了解自己的心理狀況。

心靈系列07

惡魔的法則——從校園霸凌到搶奪弒親

金塊文化

作　　者：常娟
發 行 人：王志強
總 編 輯：余素珠
美術編輯：JOHN平面設計工作室

出 版 社：金塊文化事業有限公司
地　　址：新北市新莊區立信三街35巷2號12樓
電　　話：02-2276-8940
傳　　真：02-2276-3425
E-mail：nuggetsculture@yahoo.com.tw

劃撥帳號：50138199
戶　　名：金塊文化事業有限公司

總 經 銷：商流文化事業有限公司
電　　話：02-2228-8841
印　　刷：群鋒印刷
初版一刷：2011年3月
定　　價：新台幣230元

ISBN：978-986-86809-4-4

國家圖書館出版品預行編目資料

惡魔的法則：從校園霸凌到搶奪弒親 / 常娟著.
——初版. —— 新北市：金塊文化，2011. 03
面； 公分. ——（心靈系列：7）
ISBN 978-986-86809-4-4（平裝）
1.犯罪心理學

548.52　　100003042

金塊文化

金塊文化

金塊文化